Classiques Larousse

Molière
Le Malade
imaginaire

comédie-ballet

Édition présentée, annotée et expliquée
par
CÉCILE PELLISSIER-INTARTAGLIA
professeur en collège
et
MARC VUILLERMOZ
assistant à l'université de Trente

LIBRAIRIE LAROUSSE

Qu'est-ce qu'un classique ?

Le Malade imaginaire a été écrit par Molière il y a plus de trois cents ans, sous le règne de Louis XIV. Cette pièce de théâtre a été représentée pour la première fois lors du Carnaval de la Cour.

Elle appartient à la littérature classique car son sujet est toujours actuel, et Molière l'a traité d'une façon qui fait encore rire aujourd'hui. Elle est régulièrement présentée à la télévision.

L'ouvrage que vous avez entre les mains est particulier. En plus du *Malade imaginaire*, il contient des renseignements sur l'auteur, le théâtre, le sujet de l'œuvre, les personnages, etc. Afin de mieux comprendre le texte de Molière, des notes placées en bas de page expliquent certains mots, et des questions, regroupées dans un encadré, aident à faire le point. Ainsi, vous pourrez lire la pièce avec plaisir et, pourquoi pas, comme si vous étiez un acteur ou une actrice...

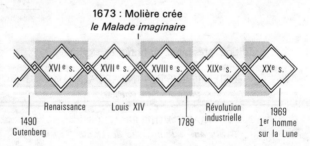

1673 : Molière crée
le Malade imaginaire

XVIᵉ s. — XVIIᵉ s. — XVIIIᵉ s. — XIXᵉ s. — XXᵉ s.

Renaissance — Louis XIV — Révolution industrielle

1490 Gutenberg — 1789 — 1969 1ᵉʳ homme sur la Lune

© Librairie Larousse 1990.
ISBN 2-03-871310-1
(Collection fondée par Félix Guirand et continuée par Léon Lejealle.)

Sommaire

PREMIÈRE APPROCHE

4	Enquête sur J.-B. Poquelin, dit Molière
10	À l'origine du *Malade imaginaire*
12	Les personnages principaux
14	De quoi s'agit-il ?
16	Le langage des médecins au XVIIᵉ siècle
19	Un genre nouveau : la comédie-ballet

LE MALADE IMAGINAIRE

25	Prologue
35	Acte premier
69	Premier intermède
83	Acte II
119	Deuxième intermède
125	Acte III
165	Troisième intermède

DOCUMENTATION THÉMATIQUE

184	Être étudiant en médecine au XVIIᵉ siècle
191	Malades des médecins

ANNEXES

201	(Analyses, critiques, bibliographie et activités de lecture)

229	PETIT DICTIONNAIRE DU THÉÂTRE

Enquête
sur Jean-Baptiste Poquelin,
dit « Molière »

Curriculum vitae

Nom : baptisé sous le nom de Jean Pouguelin (son nom s'orthographie habituellement « Poquelin »), ses parents l'appellent « Jean-Baptiste » par la suite. Il prend le pseudonyme de *Molière* en 1644.

Date et lieu de naissance : le 13 ou le 14 janvier 1622, à Paris, sous le règne de Louis XIII.

Adresses parisiennes : *le Pavillon des singes*, ancienne maison du quartier des Halles où réside toute sa famille ; quai de l'École-du-Louvre (près du théâtre du Petit-Bourbon, dans lequel joue Molière) ; place du Palais-Royal (en face du théâtre du même nom) ; rue Saint-Thomas-du-Louvre ; rue Richelieu.

Famille : issu d'une famille de tapissiers (depuis trois générations du côté paternel).

Il perd sa mère, Marie Cressé, à l'âge de 10 ans. Ses trois frères et ses deux sœurs sont nés bien après lui.

Son grand-père l'emmène fréquemment au théâtre de foire.

Il se brouille assez tôt avec son père, qui veut l'éloigner des Béjart (comédiens avec lesquels il fonde *l'Illustre-Théâtre*) et reste en froid avec sa famille. Vers 1643, Madeleine Béjart devient sa maîtresse.

En 1662, à 40 ans, il épouse la sœur ou la fille de Madeleine,

Armande Béjart, qui n'a que 20 ans. De cette union naîtront un fils, Louis, qui mourra en bas âge, et une fille, Esprit-Madeleine.

Armande Béjart
(v. 1642-1700).

Études : chez les Jésuites, au collège de Clermont (actuel lycée Louis-le-Grand, à Paris).
Études supérieures de droit à Orléans.

Professions : avocat (5 ou 6 mois) puis tapissier du roi, charge léguée par son père, qu'il abandonne très vite à l'âge de 21 ans pour faire du théâtre. C'est sa véritable vocation : il remplit avec un même talent les fonctions d'auteur, de directeur de troupe, de metteur en scène et d'acteur.

Santé : fragile. À 43 ans, il est atteint d'une grave fluxion de poitrine (congestion pulmonaire). Une grosse toux ne le quittera plus. Il meurt immédiatement après la quatrième représentation du *Malade imaginaire* le 17 février 1673, à 51 ans.

Physique : plutôt grand pour l'époque, l'air grave, le nez assez gros, les lèvres épaisses, bien en chair. Il devient maigre et pâle à la suite de sa maladie. Son physique, sa voix sourde et précipitée et son hoquet légendaire contribuent à son échec d'acteur tragique. Il sut toutefois en tirer parti, comme de son don pour les grimaces, dans les rôles comiques.

Caractère : rêveur, parlant peu en compagnie ;
— sujet à des accès de dépression, neurasthénique ;
— jaloux : sa jalousie est attisée par les infidélités de sa femme, Armande ;
— courageux : il dénonce l'hypocrisie des hommes de son siècle. Il doit en outre se battre avec acharnement pour avoir le droit de jouer certaines de ses pièces.

Casier judiciaire : n'ayant pu payer les chandelles du théâtre, il est emprisonné pour dettes pendant quelques jours, en 1645.

Une vie pour le théâtre

Les débuts difficiles (1643-1645)

Madeleine Béjart
(1618-1672).

Troupe : constitution de *l'Illustre-Théâtre* avec les trois Béjart et six autres comédiens. La direction de la troupe est confiée à Madeleine Béjart, puis à Molière.

Lieux de représentation : Rouen ; puis Paris, au jeu de paume des Métayers et au jeu de paume de la Croix-Noire.

Répertoire : tragédies de l'époque.

Bilan : pas de succès ; prison pour dettes.

Les tournées en province (1645-1658)

Troupe : Molière, avec Joseph, Madeleine et Geneviève Béjart, intègre la troupe de Dufresne. Il en prend la direction en 1650.

Protection : subventionnée par le prince de Conti, qui admire Molière, la troupe prend le nom de son mécène en 1653. Mais, trois ans après, Conti devient dévot et farouchement opposé au théâtre (l'Église prescrit l'excommunication pour les comédiens). La troupe ne touche plus alors aucune aide et doit changer de nom (1657).

Lieux de représentation : principalement dans des théâtres du sud-ouest de la France (Agen, Pézenas, Béziers...) et à Lyon.

Répertoire : des tragédies contemporaines, de courtes farces composées par Molière, et ses deux premières comédies : *l'Étourdi* (1654) et *le Dépit amoureux* (1656).

La consécration parisienne (1658-1673)

Vocation : à l'époque classique, la tragédie (voir p. 231) représente le genre noble par excellence. Molière s'obstine donc à jouer des tragédies. Ce n'est qu'après le triomphe de *l'École des femmes*, en 1662, qu'il accepte d'être un acteur et un auteur comique.

Protections, rivalités et conflits professionnels : dès leur arrivée à Paris, en 1658, Molière et les comédiens de sa troupe plaisent à Louis XIV et à Monsieur, frère du roi, qui leur offre immédiatement sa protection. Le roi leur procure une salle : le Petit-Bourbon.
La troupe de Molière entre ainsi en concurrence avec celles de l'Hôtel de Bourgogne et de l'Hôtel du Marais. Exaspérés par le succès grandissant que connaît Molière dès 1659 (avec *les Précieuses ridicules*), les deux troupes rivales multiplient leurs attaques et attirent chez eux certains de ses acteurs.
Cette même année, Molière, qui n'entretenait pas de bons rapports avec les deux frères Corneille (Pierre et Thomas), se brouille avec Racine.
Louis XIV, en 1663, accorde à Molière une pension annuelle et, suprême honneur, acceptera (1665) de devenir le parrain de son premier fils.

Lieux de représentation : principalement le *Petit-Bourbon*, jusqu'à sa démolition, en 1660, puis le *théâtre du Palais-Royal ;* occasionnellement Versailles ou des demeures seigneuriales de province.

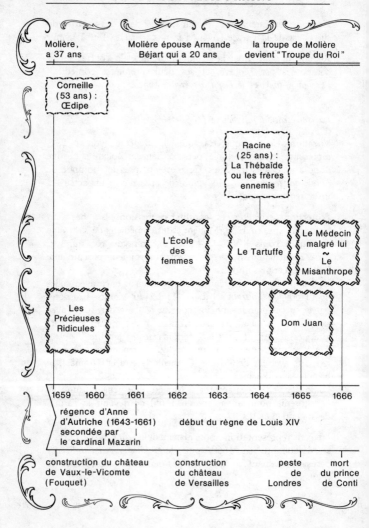

Molière,
a 37 ans

Molière épouse Armande
Béjart qui a 20 ans

la troupe de Molière
devient "Troupe du Roi"

Corneille
(53 ans) :
Œdipe

Racine
(25 ans) :
La Thébaïde
ou les frères
ennemis

L'École
des
femmes

Le Tartuffe

Le Médecin
malgré lui
~
Le
Misanthrope

Les
Précieuses
Ridicules

Dom Juan

1659   1660   1661   1662   1663   1664   1665   1666

régence d'Anne
d'Autriche (1643-1661)   début du règne de Louis XIV
secondée par
le cardinal Mazarin

construction du château   construction   peste   mort
de Vaux-le-Vicomte   du château   de   du prince
(Fouquet)   de Versailles   Londres   de Conti

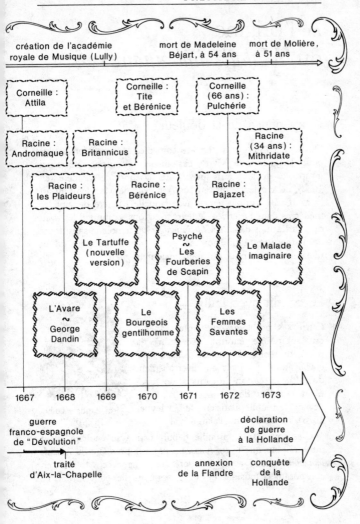

création de l'académie
royale de Musique (Lully)

mort de Madeleine
Béjart, à 54 ans

mort de Molière,
à 51 ans

Corneille :
Attila

Corneille :
Tite
et Bérénice

Corneille
(66 ans) :
Pulchérie

Racine :
Andromaque

Racine :
Britannicus

Racine
(34 ans) :
Mithridate

Racine :
les Plaideurs

Racine :
Bérénice

Racine :
Bajazet

Le Tartuffe
(nouvelle
version)

Psyché
~
Les
Fourberies
de Scapin

Le Malade
imaginaire

L'Avare
~
George
Dandin

Le
Bourgeois
gentilhomme

Les
Femmes
Savantes

1667   1668   1669   1670   1671   1672   1673

guerre
franco-espagnole
de "Dévolution"

déclaration
de guerre
à la Hollande

traité
d'Aix-la-Chapelle

annexion
de la Flandre

conquête
de la
Hollande

À l'origine
du *Malade imaginaire*

L'expérience de la douleur

Quand il compose sa dernière comédie, Molière n'en a plus pour longtemps à vivre. Les médecins auront été aussi incapables de le guérir que d'éviter la mort de sa mère (en 1632), de son jeune fils (en 1664) et celle de Madeleine Béjart (vers 1672). L'ironie féroce avec laquelle Molière dépeint les médecins dans l'exercice de leurs fonctions, comme il les avait déjà caricaturés dans *le Médecin malgré lui,* témoigne sans doute de l'amertume d'un homme qui a autant souffert de sa maladie que de ceux qui prétendaient la guérir.

Le conflit avec Lully

Outre ses problèmes de santé, Molière dut subir une énorme déception : la première représentation du *Malade imaginaire,* qu'il destinait au divertissement du roi, à l'occasion du carnaval de 1673, n'eut pas lieu devant Louis XIV, mais devant le public parisien (le 11 février 1673), au théâtre du Palais-Royal.

Jean-Baptiste Lully
(1632-1687).

C'est que Lully, brouillé depuis peu avec Molière, avait intrigué pour que le roi n'assistât pas à la première du *Malade imaginaire.* Lully avait collaboré huit ans avec Molière, en composant la musique de toutes ses comédies-ballets. Mais ce musicien arriviste, promu directeur de l'Académie royale de musique, venait d'obtenir des privilèges exorbitants : interdiction à qui que ce fût de faire chanter des vers français sans son autorisation écrite, monopole d'exploitation des œuvres auxquelles il participait.

Molière fit donc appel à un autre compositeur, Charpentier, pour écrire la musique du *Malade imaginaire*. Mais il n'obtint que 6 chanteurs et 12 instrumentistes, permission restreinte ensuite à 2 chanteurs et 6 instrumentistes.

Les représentations

La pièce coûta très cher en raison de la somptuosité du prologue (voir p. 25) : il fallait payer, en plus de Charpentier, le costumier et le chorégraphe, les 12 danseurs et les 12 musiciens engagés. Heureusement, le grand succès remporté du vivant de Molière permit à la troupe de couvrir ses frais.

Pris de malaise au cours de la dernière scène de la pièce, lors de la quatrième représentation, Molière tint pourtant le rôle jusqu'au bout. Ramené chez lui en toute hâte, il mourut une heure plus tard.

Les personnages principaux

ARGAN, riche bourgeois, a eu deux filles d'une première union et s'est remarié avec Béline, une femme beaucoup plus jeune que lui. Toinette, la servante, et Béralde, son frère, sont sûrs qu'il se porte comme un charme, mais lui se croit malade et n'a de cesse de s'entourer de médecins et d'apothicaires, jusqu'à vouloir marier sa fille, Angélique, à un médecin.

Argan est « le malade imaginaire », victime d'une double illusion : de sa maladie et de la médecine d'une part, de Béline, son épouse, d'autre part. Pour le guérir, Toinette et Béralde vont tenter de le persuader de sa double erreur.

ANGÉLIQUE, tendre, douce, mais aussi passionnée, aime son père et est amoureuse de Cléante, jeune homme galant au langage recherché. Or Argan veut lui faire épouser un médecin. Aidée de Toinette, elle va défendre le mieux possible son amour.

LOUISON, la seconde fille d'Argan, est âgée de huit ans. Tout comme Angélique, et malgré son jeune âge, elle gêne les intérêts de Béline, qui voudrait bien voir les deux sœurs entrer au couvent.

BÉLINE a beaucoup d'influence sur son mari, qu'elle flatte en lui prodiguant des soins maternels exagérés. Son but est de s'approprier l'héritage d'Argan par l'intermédiaire de M. BONNEFOI, le notaire. Mais Angélique et Louison la gênent.

TOINETTE, la servante et la confidente de Béline, connaît les motivations de sa maîtresse. Mais elle a beaucoup d'affection pour Angélique dont elle reçoit également les confidences. Révoltée par le mensonge et l'hypocrisie, Toinette va œuvrer contre Béline et tenter de guérir Argan de sa maladie imaginaire, pour le bonheur d'Angélique.

BÉRALDE, le frère d'Argan, va aider Toinette dans son entreprise. Mais il tente auparavant de faire entendre raison à Argan et de lui brosser un tableau objectif de la situation. Pour défendre Angélique et Cléante, Béralde fait le procès de la médecine.

M. PURGON est le médecin traitant d'Argan, qui croit en lui et en a peur. Pour conserver cette précieuse clientèle, M. Purgon a proposé un parti pour Angélique : son neveu, THOMAS DIAFOIRUS, futur médecin. Le projet ne manque pas de séduire Argan qui pourra ainsi installer un médecin à demeure. De leur côté, Thomas et son père ne sont pas insensibles aux avantages d'un riche mariage.

M. FLEURANT, l'apothicaire, exécute les ordonnances de M. Purgon et y trouve, comme lui, beaucoup d'intérêt.

Dans cette illustration, pouvez-vous retrouver tous les personnages ?

De quoi s'agit-il ?

Prologue : éloge du roi Louis XIV par les dieux, les héros et les mortels de l'Antiquité.

Acte I

Argan, « le malade imaginaire », seul dans sa chambre vérifie la facture mensuelle de son apothicaire. Il se querelle avec Toinette, la servante, puis s'absente un instant. Angélique confie alors à Toinette les tendres sentiments qu'elle éprouve pour Cléante. À son retour, Argan informe sa fille qu'il a décidé de la marier. À la joie d'Angélique succède le désarroi quand elle comprend que le prétendant n'est pas Cléante mais Thomas Diafoirus. Toinette prend la défense d'Angélique. Survient Béline : elle annonce à son mari l'arrivée du notaire qu'il a convoqué pour rédiger son testament.

Seule avec les deux hommes, Béline, aidée du notaire, se fait léguer la plus grande partie de la fortune d'Argan, dépossédant ainsi ses deux belles-filles. Toinette a surpris le complot. Elle assure Angélique de son soutien.

Premier intermède : farce et chants. Polichinelle chante la sérénade. Il est malmené et ridiculisé.

Acte II

Le lendemain matin, Cléante, averti par Toinette et déguisé en maître de chant, s'introduit dans la maison d'Argan.

En voyant Cléante, Angélique a du mal à cacher sa surprise, mais l'émotion des deux amoureux est vite distraite par l'arrivée des Diafoirus père et fils, venus faire leurs compliments à la famille. Argan demande ensuite à Cléante de faire chanter Angélique : tous deux en profitent pour s'avouer leur amour réciproque. Mais Argan, soupçonneux, renvoie le jeune homme.

Devant Béline, Argan demande à Angélique qu'elle s'engage vis-à-vis de Thomas, son futur mari. Celle-ci tergiverse jusqu'à ce qu'Argan la menace du couvent. Excédée, elle sort, suivie de près par Béline puis par les Diafoirus.

Béline revient et informe Argan de la présence d'un homme dans la chambre d'Angélique. Elle lui amène Louison qui a tout vu et qui, sous la menace, finit par tout raconter. Béralde survient alors. Il s'inquiète de la santé de son frère et lui propose un divertissement.

Deuxième intermède : sur le thème de la jeunesse et de l'amour, des Égyptiens et Égyptiennes chantent et dansent.

Acte III

Toinette confie à Béralde qu'elle a décidé de jouer un tour à son maître. Béralde s'entretient de la médecine avec Argan, qui, légèrement influencé, refuse un lavement apporté par M. Fleurant, ce qui entraîne la colère de M. Purgon. Argan est bouleversé, mais Toinette lui annonce l'arrivée d'un médecin de passage. C'est en fait Toinette elle-même, déguisée, qui examine Argan et donne un diagnostic totalement différent de celui de M. Purgon ou des Diafoirus.

Grâce à un double stratagème de Toinette, Argan est bientôt éclairé sur les véritables sentiments de Béline, d'Angélique puis de Cléante. Argan accepte alors de donner sa fille en mariage à Cléante, s'il se fait médecin. Béralde suggère à son frère d'endosser lui-même la robe de médecin.

Troisième intermède : parodie de la cérémonie de réception du candidat médecin (Argan).

Le langage des médecins au XVIIᵉ siècle

À l'époque de Molière, la médecine n'a pratiquement pas évolué depuis l'Antiquité. Son retard sur les autres sciences s'explique par l'influence de la religion (interdisant la dissection humaine) et par l'absence de moyens techniques pour diagnostiquer et traiter les maladies.

Toutefois, les vrais responsables de l'état archaïque dans lequel se trouve la médecine d'alors sont les médecins eux-mêmes. La plupart d'entre eux principalement ceux de la *Faculté de médecine*, pour éviter de se remettre en question, restent hostiles à toute nouveauté scientifique. Ainsi, certains refusent encore, en 1673, d'admettre que le sang circule dans les veines (Thomas Diafoirus et son père en sont deux exemples). Pourtant, Harvey, médecin anglais, a établi cette réalité depuis 20 ans.

La théorie des humeurs

Définie par Hippocrate, médecin grec des Vᵉ et IVᵉ siècles av. J.-C., et par Galien, autre médecin grec du IIᵉ siècle apr. J.-C., c'est sur la théorie des humeurs que repose toute la médecine du XVIIᵉ siècle.

Au nombre de quatre, les *humeurs* désignent les liquides irriguant le corps humain : le sang, le flegme (liquide lymphatique), la bile jaune et la bile noire (ou « mélancolie »).

16

La santé dépend de leur équilibre, ce qui ne veut pas dire qu'elles sont en quantité égale ; l'une d'entre elles domine toujours les autres, déterminant ainsi le *tempérament* : sanguin, flegmatique, etc.

On pense que la maladie survient quand cet équilibre est rompu ou quand une ou plusieurs humeurs viennent à s'altérer : dans ce cas, on parle d' « humeurs corrompues » ou de « mauvaises humeurs ». Évacuer les humeurs surabondantes ou les mauvaises humeurs est donc l'objectif essentiel des médecins à l'époque de Molière.

Diagnostic et remèdes

Seule l'observation du pouls du malade permet au médecin, avec quelques manifestations extérieures bien visibles, de diagnostiquer la maladie. Des remèdes sont alors prescrits. Ce sont les *apothicaires,* ancêtres de nos pharmaciens, qui les fabriquent, notamment à l'aide d'extraits végétaux, et les vendent. Méprisés par les médecins qui ont tendance à les traiter comme leurs domestiques, ils ont la réputation (justifiée) de pratiquer des prix exorbitants. C'est pourquoi Argan, quand il lit *les parties* (factures détaillées) de M. Fleurant, trouve tout à fait naturel de traduire les prix écrits en *langage d'apothicaire* en les divisant au moins de moitié.

Le malade imaginaire, sans doute trop douillet pour supporter *la saignée* (flux de sang obtenu par incision), dont on fait un usage si fréquent, absorbe de nombreuses potions :

— un *julep soporatif* (potion adoucissante servant à faire dormir) ;

— une *potion anodine* (qui agit sans violence pour calmer la douleur) et *astringente* (qui a la propriété de provoquer une contraction des tissus) ;

— une *potion cordiale et préservative* (fortifiant préservant des maladies) composée de grains de bézoard (pierre médicinale d'origine animale servant de contre-poison), de *sirop de limon* (citron) et de grenade ;

— *une médecine* (médicament) *purgative et corroborative* (fortifiante) à base de *casse* (fruit des Indes aux propriétés purgatives) et de *séné* (pulpe de gousse de casse).

Enfin, les *clystères* (lavements) viennent compléter le traitement que suit Argan. M. Purgon lui en prescrit une quantité impressionnante :

— *clystères insinuatifs, préparatifs et rémollients* (pour décontracter et adoucir les tissus intestinaux enflammés) ;

— *clystères détersifs* (qui nettoient), contenant du *catholicon double* (remède universel destiné à purger les humeurs), de la *rhubarbe* et du *miel rosat* (mélangé à une infusion de fruits rouges) ;

— *clystères carminatifs* (qui chassent les gaz digestifs)...

Un genre nouveau : la comédie-ballet

Avant Molière, la littérature et la musique ne faisaient pas bon ménage. Certains artistes, comme les poètes de la Pléiade (grand mouvement poétique du XVIe siècle), avaient bien essayé de les réconcilier, mais avec un succès limité aux « chansons », poésies mises en musique, comme celles de Ronsard, les plus célèbres.

Au milieu du XVIIe siècle, de nombreux poètes dédaignant la musique jugeaient celle-ci indigne de se mêler à leur art. Molière apaisa cette querelle en composant *les Fâcheux*, comédie mêlée de chants et de danses.

Les Fâcheux, ou la mise au point d'un nouveau type de spectacle

La naissance de cette première comédie-ballet est d'une certaine manière le fruit du hasard : à quelques jours de la première représentation des *Fâcheux*, en 1661, Molière a l'idée de joindre un ballet à sa comédie.

Ne disposant pas d'un nombre suffisant de bons danseurs, il décide de séparer les « entrées » du ballet (ses différentes parties) pour les intercaler dans les entractes de la pièce, permettant ainsi à un même danseur de tenir plusieurs rôles.

Afin d'éviter que ces intermèdes chantés et dansés ne cassent le rythme de la comédie, comme le font, aujourd'hui, les « spots » publicitaires qui interrompent sans cesse les films télévisés, Molière tente de les intégrer le mieux possible à l'action de la pièce.

19

Cela n'est possible qu'au prix d'un mutuel rapprochement des trois arts ; au contact de la comédie, la danse perd le caractère purement plastique qu'elle avait jusqu'alors pour s'approcher du mime : les danseurs doivent désormais figurer une action. La musique gagne en vivacité, en expressivité, pour s'accorder aux situations des personnages et à l'atmosphère gaie et mouvementée de la comédie. Le texte à son tour (en vers dans *les Fâcheux*, mais en prose dans les autres comédies-ballets) prend des accents musicaux.

Ainsi constituée, la comédie-ballet des *Fâcheux* devait être le modèle du genre.

Un spectacle total

Quand un artiste de métier (écrivain, peintre, musicien, etc.) compose une œuvre, il peut diffi-cilement se contenter de suivre le simple fil de son inspiration : s'il veut vivre de son art, ou plus modestement être en-tendu, il doit répondre à l'attente d'un certain public.

Celui qui assista aux premières représenta-tions des *Fâcheux* et du *Malade imaginaire* se dis-tinguait par sa « qualité » (il était composé du roi et des plus grands nobles de la Cour) et sa place

Le Roi-Soleil
en costume de ballet
(XVIIᵉ siècle).

dans le spectacle (certains spectateurs, dont le roi, dansaient dans les ballets).

La comédie-ballet devait donc à la fois satisfaire le goût de ce public d'élite et mettre en valeur les prestigieux personnages qui paraissaient sur scène au cours des intermèdes dansés.

Ce double impératif conduisit Molière à soigner particulièrement ses mises en scène : les costumes, aux précieuses étoffes magnifiquement brodées, déployaient un luxe de couleurs extraordinaire (même les personnages les plus humbles étaient souvent vêtus comme des princes) ; les décors, riches de perspectives en trompe-l'œil, semblaient parfois défier l'espace scénique par leur démesure (dans certaines pièces, des palais entiers ou de vastes paysages étaient reconstitués) ; enfin, les effets spéciaux offraient à un public amateur de spectaculaire l'illusion d'un monde fantastique peuplé de créatures étranges ou merveilleuses, un monde de métamorphoses où les dieux et les hommes se trouvent réunis autour d'un personnage mi-humain, mi-divin : Louis XIV.

Après Molière

Au total, Molière aura écrit une quinzaine de comédies-ballets, soit un peu moins de la moitié de sa production théâtrale. Après lui, le genre de la comédie-ballet ne sera plus guère représenté car il sera supplanté par l'opéra.

Pourtant, le procédé qui consiste à intercaler des passages chantés et dansés dans une histoire dialoguée reste très actuel, si l'on en juge par le succès que connaît la comédie musicale depuis plusieurs décennies, au théâtre comme au cinéma (*The Wizard of Oz, Mary Poppins, Foot loose, Saturday night fever, Grease, Dirty dancing, All that Jazz*, etc.).

Molière peint par Pierre Mignard
vers 1670-1672.
Musée Condé à Chantilly.

MOLIÈRE

Le Malade imaginaire

comédie-ballet
représentée pour la première fois
le 11 février 1673

Personnages

Argan, *malade imaginaire.*

Béline, *seconde femme d'Argan.*

Angélique, *fille d'Argan et amante de Cléante.*

Louison, *seconde fille d'Argan et sœur d'Angélique.*

Béralde, *frère d'Argan.*

Cléante, *amant d'Angélique.*

Monsieur Diafoirus, *médecin.*

Thomas Diafoirus, *son fils et amant d'Angélique.*

Monsieur Purgon, *médecin d'Argan.*

Monsieur Fleurant, *apothicaire.*

Monsieur Bonnefoi, *notaire.*

Toinette, *servante.*

La scène est à Paris.

Début des notes de la page 25.

1. *Les exploits victorieux :* allusion à la conquête de la Hollande.
2. *Auguste :* favorisé par les dieux, vénérable.
3. *Se mêlent de :* s'occupent de.
4. *Donne entrée :* sert d'introduction.
5. *Églogue :* petit poème qui traite de la vie aux champs ou aux pâturages.
6. *Flore :* déesse des Fleurs dans la mythologie romaine.

24

Prologue

Après les glorieuses fatigues et les exploits victorieux[1] de notre auguste[2] monarque, il est bien juste que tous ceux qui se mêlent[3] d'écrire travaillent ou à ses louanges ou à son divertissement. C'est ce qu'ici l'on a voulu faire, et ce prologue est un essai des louanges de ce grand prince, qui donne entrée[4] à la comédie du *Malade imaginaire*, dont le projet a été fait pour le délasser de ses nobles travaux.

(La décoration représente un lieu champêtre, et néanmoins fort agréable.)

Églogue[5]
en musique et en danse

FLORE[6], PAN[7], CLIMÈNE, DAPHNÉ[8], TIRCIS, DORILAS, DEUX ZÉPHYRS[9], TROUPE DE BERGÈRES ET DE BERGERS

FLORE
Quittez, quittez vos troupeaux,
Venez, bergers, venez bergères,
Accourez, accourez sous ces tendres ormeaux[10] ;
Je viens vous annoncer des nouvelles bien chères[11]

---

7. *Pan* : dieu des Troupeaux, des Prairies et des Bois, puis dieu universel des Forces naturelles, dans la mythologie grecque.
8. *Daphné* : nymphe, c'est-à-dire déesse (de rang inférieur) des Bois et des Eaux.
9. *Zéphyrs* : dieux des Vents.
10. *Ormeaux* : jeunes ormes.
11. *Chères* : qui ont de l'importance parce qu'elles concernent une personne aimée.

5   Et réjouir tous ces hameaux.
   Quittez, quittez vos troupeaux,
   Venez, bergers, venez, bergères,
  Accourez, accourez sous ces tendres ormeaux.

CLIMÈNE ET DAPHNÉ

Berger, laissons là tes feux[1],
10   Voilà Flore qui nous appelle.

TIRCIS ET DORILAS

Mais au moins dis-moi, cruelle,

TIRCIS

Si d'un peu d'amitié tu payeras mes vœux[2].

DORILAS

Si tu seras sensible à mon ardeur fidèle.

CLIMÈNE ET DAPHNÉ

Voilà Flore qui nous appelle.

TIRCIS ET DORILAS

15 Ce n'est qu'un mot, un mot, un seul mot que je veux.

TIRCIS

Languirai-je toujours dans ma peine mortelle ?

DORILAS

Puis-je espérer qu'un jour tu me rendras heureux ?

CLIMÈNE ET DAPHNÉ

Voilà Flore qui nous appelle.

---

1. *Tes feux :* ton amour (vocabulaire galant).
2. *Tu payeras mes vœux :* tu récompenseras ma demande, mon attente.

ENTRÉE DE BALLET

Toute la troupe des bergers et des bergères va se placer en cadence autour de Flore.

CLIMÈNE
Quelle nouvelle parmi nous,
Déesse, doit jeter tant de réjouissance ?

DAPHNÉ
Nous brûlons d'apprendre de vous
Cette nouvelle d'importance.

DORILAS
5   D'ardeur nous en soupirons tous.

TOUS ENSEMBLE
Nous en mourons d'impatience.

FLORE
La voici ; silence, silence !
Vos vœux sont exaucés, LOUIS est de retour ;
Il ramène en ces lieux les plaisirs et l'amour,
10   Et vous voyez finir vos mortelles alarmes ;
Par ses vastes exploits son bras voit tout soumis,
      Il quitte les armes
      Faute d'ennemis.

TOUS ENSEMBLE
Ah ! quelle douce nouvelle !
15   Qu'elle est grande ! qu'elle est belle !
Que de plaisirs, que de ris[1], que de jeux !
      Que de succès heureux[2] !
    Et que le ciel a bien rempli nos vœux !
      Ah ! quelle douce nouvelle !
20   Qu'elle est grande ! qu'elle est belle !

---

1. *Ris :* rires.
2. *Succès heureux :* résultats, victoires heureuses.

AUTRE ENTRÉE DE BALLET

*Tous les bergers et bergères expriment par des danses les transports[1]
de leur joie.*

FLORE

De vos flûtes bocagères[2]
Réveillez les plus beaux sons :
LOUIS offre à vos chansons
La plus belle des matières[3].
5   Après cent combats
Où cueille son bras
Une ample victoire,
Formez entre vous
Cent combats plus doux
10   Pour chanter sa gloire.

TOUS

Formons entre nous
Cent combats plus doux
Pour chanter sa gloire.

FLORE

Mon jeune amant[4], dans ce bois
15   Des présents de mon empire[5]
Prépare un prix à la voix
Qui saura le mieux vous dire
Les vertus et les exploits
Du plus auguste des rois.

---

1. *Transports :* manifestations.
2. *Flûte bocagère :* flûte des bois.
3. *La plus belle des matières :* le meilleur sujet pour vos chansons.
4. *Amant :* qui aime et est aimé ; il s'agit de Pan.
5. *Des présents de mon empire :* parmi les richesses naturelles de
mon empire.

CLIMÈNE

20   Si Tircis a l'avantage,

DAPHNÉ

Si Dorilas est vainqueur,

CLIMÈNE

À le chérir je m'engage.

DAPHNÉ

Je me donne à son ardeur.

TIRCIS

Ô trop chère espérance !

DORILAS

25   Ô mot plein de douceur !

TOUS DEUX

Plus beau sujet, plus belle récompense,
Peuvent-ils animer un cœur ?

*Les violons jouent un air pour animer les deux bergers au combat,
tandis que Flore, comme juge, va se placer au pied d'un bel arbre
qui est au milieu du théâtre, avec deux Zéphyrs, et que le reste,
comme spectateurs, va occuper les deux côtés de la scène.*

TIRCIS

Quand la neige fondue enfle un torrent fameux,
Contre l'effort soudain de ses flots écumeux
30   Il n'est rien d'assez solide ;
    Digues, châteaux, villes et bois,
    Hommes et troupeaux à la fois,
    Tout cède au courant qui le guide.
35   Tel, et plus fier[1], et plus rapide,
    Marche LOUIS dans ses exploits.

---

1. *Fier :* redoutable.

BALLET

*Les bergers et bergères du côté de Tircis dansent autour de lui,
sur une ritournelle[1], pour exprimer leurs applaudissements.*

DORILAS

Le foudre[2] menaçant qui perce avec fureur
L'affreuse[3] obscurité de la nue enflammée
    Fait d'épouvante et d'horreur
    Trembler le plus ferme cœur ;
40   Mais à la tête d'une armée
    LOUIS jette plus de terreur.

BALLET

*Les bergers et bergères du côté de Dorilas font de même que les
autres.*

TIRCIS

Des fabuleux exploits que la Grèce a chantés,
Par un brillant amas[4] de belles vérités,
    Nous voyons la gloire effacée ;
45   Et tous ces fameux demi-dieux[5]
    Que vante l'histoire passée
    Ne sont point à notre pensée
    Ce que LOUIS est à nos yeux.

---

1. *Ritournelle* : refrain.
2. *Le foudre* : la foudre.
3. *Affreuse* : qui effraie.
4. *Amas* : accumulation.
5. *Demi-dieu* : dans la mythologie grecque et romaine : personnage
né d'un dieu et d'une mortelle, comme Hercule.

BALLET

Les bergers et bergères de son côté font encore la même chose.

DORILAS

LOUIS fait à nos temps, par ses faits inouïs,
50 Croire tous les beaux faits que nous chante l'histoire
    Des siècles évanouis ;
    Mais nos neveux[1], dans leur gloire,
    N'auront rien qui fasse croire
    Tous les beaux faits de LOUIS.

BALLET

*Les bergères de son côté font encore de même, après quoi les deux
partis se mêlent.*

      PAN, *suivi de six faunes*[2].

55 Laissez, laissez, bergers, ce dessein téméraire ;
    Hé ! que voulez-vous faire ?
    Chanter sur vos chalumeaux[3]
    Ce qu'Apollon[4] sur sa lyre,
    Avec ses chants les plus beaux,
60   N'entreprendrait pas de dire ?
C'est donner trop d'essor[5] au feu qui vous inspire,
C'est monter vers les cieux sur des ailes de cire,
    Pour tomber dans le fond des eaux.

---

1. *Neveux* : descendants (du latin *nepos, nepotis*).
2. *Faune* : dans la mythologie romaine, divinité des champs.
3. *Chalumeau* : petite flûte.
4. *Apollon* : dieu grec de la Lumière.
5. *Trop d'essor* : trop de force.

Pour chanter de LOUIS l'intrépide courage,
65   Il n'est point d'assez docte[1] voix,
Point de mots assez grands pour en tracer l'image ;
      Le silence est le langage
      Qui doit louer ses exploits.
Consacrez d'autres soins à sa pleine victoire,
70   Vos louanges n'ont rien qui flatte ses désirs,
      Laissez, laissez là sa gloire,
      Ne songez qu'à ses plaisirs.

TOUS

      Laissons, laissons là sa gloire,
      Ne songeons qu'à ses plaisirs.

FLORE

75   Bien que, pour étaler ses vertus immortelles,
      La force manque à vos esprits,
Ne laissez pas tous deux de[2] recevoir le prix.
      Dans les choses grandes et belles,
      Il suffit d'avoir entrepris[3].

ENTRÉE DE BALLET

Les deux Zéphyrs dansent avec deux couronnes de fleurs à la main, qu'ils viennent donner ensuite aux deux bergers.

CLIMÈNE ET DAPHNÉ *en leur donnant la main.*
Dans les choses grandes et belles,
Il suffit d'avoir entrepris.

---

1. *Docte :* savante.
2. *Ne laissez pas... de :* ne manquez pas de.
3. *Entrepris :* essayé de réaliser la chose.

TIRCIS ET DORILAS

Ah ! que d'un doux succès notre audace est suivie !

FLORE ET PAN

Ce qu'on fait pour LOUIS, on ne le perd jamais.

LES QUATRE AMANTS

5   Au soin de ses plaisirs donnons-nous désormais.

FLORE ET PAN

Heureux, heureux qui peut lui consacrer sa vie !

TOUS

    Joignons tous dans ces bois

    Nos flûtes et nos voix,

    Ce jour nous y convie,

10   Et faisons aux échos redire mille fois :

    LOUIS est le plus grand des rois.

Heureux, heureux qui peut lui consacrer sa vie !

DERNIÈRE ET GRANDE ENTRÉE
DE BALLET

Faunes, bergers et bergères, tous se mêlent, et il se fait entre eux des jeux de danses après quoi ils se vont préparer pour la comédie.

L'habit d'apothicaire.
Gravure du XVIIe siècle de Nicolas Larmessin.
Bibliothèque nationale.

Acte premier

SCÈNE PREMIÈRE. ARGAN.

ARGAN, *seul dans sa chambre, assis, une table devant lui, compte des parties d'apothicaire*[1] *avec des jetons*[2] *; il fait, parlant à lui-même, les dialogues suivants.* Trois et deux font cinq, et cinq font dix, et dix font vingt. Trois et deux font cinq. « Plus,
5 du vingt-quatrième[3], un petit clystère insinuatif, préparatif et rémollient, pour amollir, humecter et rafraîchir les entrailles de monsieur. » Ce qui me plaît de monsieur Fleurant, mon apothicaire, c'est que ses parties sont toujours fort civiles[4]. « Les entrailles de monsieur, trente sols[5]. » Oui ; mais, monsieur
10 Fleurant, ce n'est pas tout que d'être civil, il faut être aussi raisonnable et ne pas écorcher les malades. Trente sols un lavement ! Je suis votre serviteur[6], je vous l'ai déjà dit. Vous ne me les avez mis dans les autres parties qu'à vingt sols, et vingt sols en langage d'apothicaire, c'est-à-dire dix sols ; les
15 voilà, dix sols. « Plus, dudit jour[7], un bon clystère détersif,

---

1. *Parties d'apothicaire :* factures du pharmacien (voir « Le langage des médecins au XVIIe siècle », p. 16).
2. *Jetons :* pour faire ses comptes, Argan se sert d'une machine à calculer constituée de jetons disposés en différents tas. Chaque jeton représente une certaine somme d'argent donnée par sa place dans tel ou tel tas.
3. *Vingt-quatrième :* le 24 du mois.
4. *Civiles :* courtoises.
5. *Sol :* unité monétaire. Au XVIIe siècle, un sol vaut douze deniers. Il faut vingt sols pour faire une livre, c'est-à-dire environ 1 franc (voir p. 41).
6. *Je suis votre serviteur :* formule de politesse, ici employée ironiquement : je vous en prie.
7. *Dudit jour :* du même jour.

composé, avec catholicon double, rhubarbe, miel rosat et
autres, suivant l'ordonnance, pour balayer, laver et nettoyer
le bas-ventre de monsieur, trente sols. » Avec votre permission,
dix sols. « Plus, dudit jour, le soir, un julep hépatique, soporatif
20 et somnifère, composé pour faire dormir monsieur, trente-
cinq sols. » Je ne me plains pas de celui-là, car il me fit bien
dormir. Dix, quinze, seize et dix-sept sols six deniers. « Plus,
du vingt-cinquième, une bonne médecine purgative et corroborative, composée de casse récente avec séné levantin et
25 autres, suivant l'ordonnance de monsieur Purgon, pour expulser
et évacuer la bile de monsieur, quatre livres. » Ah ! monsieur
Fleurant, c'est se moquer, il faut vivre avec les malades.
Monsieur Purgon ne vous a pas ordonné de mettre quatre
francs. Mettez, mettez trois livres, s'il vous plaît. Vingt et
30 trente sols. « Plus, dudit jour, une potion anodine et astringente
pour faire reposer monsieur, trente sols. » Bon... dix et quinze
sols. « Plus, du vingt-sixième, un clystère carminatif pour
chasser les vents de monsieur, trente sols. » Dix sols, monsieur
Fleurant. « Plus le clystère de monsieur réitéré le soir, comme
35 dessus, trente sols. » Monsieur Fleurant, dix sols. « Plus, du
vingt-septième, une bonne médecine composée pour hâter
d'aller[1], et chasser dehors les mauvaises humeurs de monsieur,
trois livres. » Bon, vingt et trente sols ; je suis bien aise que
vous soyez raisonnable. « Plus, du vingt-huitième, une prise
40 de petit-lait clarifié et dulcoré, pour adoucir, lénifier, tempérer
et rafraîchir le sang de monsieur, vingt sols. » Bon, dix sols.
« Plus une potion cordiale et préservative, composée avec
douze grains[2] de bézoard, sirop de limon et grenade, et autres
suivant l'ordonnance, cinq livres. » Ah ! monsieur Fleurant,
45 tout doux, s'il vous plaît ; si vous en usez comme cela[3], on

---

1. *Aller* : aller à la selle.
2. *Grain* : ancienne unité de poids, équivalent environ à 0,05 g.
3. *Si vous en usez comme cela* : si vous agissez ainsi.

ne voudra plus être malade, contentez-vous de quatre francs ; vingt et quarante sols. Trois et deux font cinq, et cinq font dix, et dix font vingt. Soixante et trois livres quatre sols six deniers. Si bien donc que, de ce mois, j'ai pris une, deux,
50 trois, quatre, cinq, six, sept et huit médecines, et un, deux, trois, quatre, cinq, six, sept, huit, neuf, dix, onze et douze lavements ; et l'autre mois, il y avait douze médecines et vingt lavements. Je ne m'étonne pas si je ne me porte pas si bien ce mois-ci que l'autre. Je le dirai à monsieur Purgon,
55 afin qu'il mette ordre à cela. Allons, qu'on m'ôte tout ceci. Il n'y a personne ? J'ai beau dire, on me laisse toujours seul ; il n'y a pas moyen de les arrêter ici. *(Il agite une sonnette pour faire venir ses gens.)* Ils n'entendent point, et ma sonnette ne fait pas assez de bruit. Drelin, drelin, drelin, point d'affaire.
60 Drelin, drelin, drelin, ils sont sourds... Toinette ! drelin, drelin, drelin. Tout comme si je ne sonnais point. Chienne ! coquine[1] ! Drelin, drelin, drelin, j'enrage. *(Il ne sonne plus, mais il crie.)* Drelin, drelin, drelin. Carogne[2], à tous les diables ! Est-il possible qu'on laisse comme cela un pauvre malade tout seul !
65 Drelin, drelin, drelin : voilà qui est pitoyable ! Drelin, drelin, drelin. Ah ! mon Dieu, ils me laisseront ici mourir. Drelin, drelin, drelin !

SCÈNE 2. TOINETTE, ARGAN.

Toinette, *en entrant dans la chambre.*   On y va.

Argan.   Ah ! chienne ! ah ! carogne !...

Toinette, *faisant semblant de s'être cogné la tête.*   Diantre[3] soit

---

1. *Chienne, coquine :* injures particulièrement grossières.
2. *Carogne :* charogne.
3. *Diantre :* juron. Euphémisme pour *diable*.

fait de votre impatience ! Vous pressez si fort les personnes[1]
5   que je me suis donné un grand coup de la tête contre la
carne[2] d'un volet.

ARGAN, *en colère*.   Ah ! traîtresse...

TOINETTE, *pour l'interrompre et l'empêcher de crier, se plaint toujours,
en disant*.   Ah !

10   ARGAN.   Il y a...

TOINETTE.   Ah !

ARGAN.   Il y a une heure...

TOINETTE.   Ah !

ARGAN.   Tu m'as laissé...

15   TOINETTE.   Ah !

ARGAN.   Tais-toi donc, coquine, que je te querelle.

TOINETTE.   Çamon[3], ma foi, j'en suis d'avis[4], après ce que je
me suis fait.

ARGAN.   Tu m'as fait égosiller[5], carogne !

20   TOINETTE.   Et vous m'avez fait, vous, casser la tête ; l'un
vaut bien l'autre. Quitte à quitte[6], si vous voulez.

ARGAN.   Quoi ! coquine...

TOINETTE.   Si vous querellez, je pleurerai.

ARGAN.   Me laisser, traîtresse...

25   TOINETTE, *toujours pour l'interrompre*.   Ah !

ARGAN.   Chienne ! tu veux...

---

1. *Presser les personnes* : les obliger à se dépêcher.
2. *La carne* : le coin.
3. *Çamon* : exclamation : *ça oui !*
4. *J'en suis d'avis* : je suis d'accord.
5. *Égosiller* : se fatiguer la gorge à force de crier. Il manque ici le
pronom personnel réfléchi, cas fréquent au XVIIe siècle.
6. *Quitte à quitte* : nous sommes quitte.

TOINETTE.   Ah !

ARGAN.   Quoi ! il faudra encore que je n'aie pas le plaisir de la quereller ?

30 TOINETTE.   Querellez tout votre soûl[1] : je le veux bien.

ARGAN.   Tu m'en empêches, chienne, en m'interrompant à tous coups.

TOINETTE.   Si vous avez le plaisir de quereller, il faut bien que de mon côté j'aie le plaisir de pleurer : chacun le sien,
35 ce n'est pas trop. Ah !

ARGAN.   Allons, il faut en passer par là. Ôte-moi ceci, coquine, ôte-moi ceci. *(Argan se lève de sa chaise.)* Mon lavement d'aujourd'hui a-t-il bien opéré ?

TOINETTE.   Votre lavement ?

40 ARGAN.   Oui. Ai-je bien fait de la bile ?

TOINETTE.   Ma foi, je ne me mêle point de ces affaires-là ; c'est à monsieur Fleurant à y mettre le nez, puisqu'il en a le profit.

ARGAN.   Qu'on ait soin de me tenir un bouillon prêt pour
45 l'autre que je dois tantôt[2] prendre.

TOINETTE.   Ce monsieur Fleurant-là et ce monsieur Purgon s'égayent bien sur[3] votre corps ; ils ont en vous une bonne vache à lait, et je voudrais bien leur demander quel mal vous avez, pour vous faire tant de remèdes.

50 ARGAN.   Taisez-vous, ignorante ; ce n'est pas à vous à contrôler les ordonnances de la médecine. Qu'on me fasse venir ma fille Angélique, j'ai à lui dire quelque chose.

TOINETTE.   La voici qui vient d'elle-même ; elle a deviné votre pensée.

---

1. *Tout votre soûl :* tant qu'il vous plaira.
2. *Tantôt :* tout à l'heure, bientôt.
3. *S'égayent sur :* s'amusent aux dépens de.

Prologue et Acte I, scènes 1 et 2

COMPRÉHENSION

1. Pourquoi, au début du Prologue, Climène et Daphné sont-elles si empressées de répondre à l'appel de Flore ?
2. Pourquoi, ensuite, Tircis et Dorilas s'empressent-ils de participer au concours de chant proposé par Flore ?
3. Pourquoi Flore ne choisit-elle pas de vainqueur ?
4. Pourquoi la scène 1 est-elle difficile à lire et à comprendre ? Argumentez votre réponse et relevez le vocabulaire et les tournures de phrases qui posent problème.
5. Recherchez dans la scène 1 les médicaments et les traitements qu'Argan utilise. Quelles conclusions peut-on en tirer sur la façon de se soigner au xviiᵉ siècle ?
6. Quel traitement Argan semble-t-il préférer ? Pourquoi, à votre avis ?
7. Quand Toinette apparaît (sc. 2), d'où vient-elle ? À votre avis, dit-elle la vérité ? Justifiez votre réponse.

ÉVOLUTION DE L'ACTION

8. Dans la première scène de la pièce, quelle est la situation de départ ? Quels personnages sont présentés ? Lieu ? Moment ?
9. Peut-on dire que la première scène est la scène d'exposition (voir p. 230) ? Justifiez votre réponse.
10. Quels rapports Argan entretient-il avec les autres personnages évoqués dans la scène 1 ?
11. Quels rapports Argan entretient-il avec Toinette (sc. 2) ? Que pensez-vous du comportement de Toinette ? À votre avis, est-ce là une attitude habituelle pour une servante ? Que pouvez-vous en déduire du caractère d'Argan ? du caractère de Toinette ?

LE COMIQUE

12. Argan est fort en colère quand Toinette entre sur scène (sc. 2). Pourquoi ? Comment cette dernière arrive-t-elle à éviter les remontrances ? En quoi cette scène est-elle comique ?
13. Que signifie l'exclamation d'Argan : « Quoi ! il faudra encore que je n'aie pas le plaisir de la quereller ? » (sc. 2, ligne 28). Expliquez, dans le contexte.

14. Relevez dans la scène 2 les répliques de Toinette qui contiennent des jeux de mots et expliquez-les.

LA MISE EN SCÈNE

15. Le but de Molière en écrivant le Prologue était de faire un compliment au roi. Pourquoi, à votre avis, a-t-il choisi de faire parler des personnages de la mythologie grecque et romaine ? Imaginez leurs costumes, leurs attitudes, la chorégraphie. Quelle couleur dominante mettriez-vous dans le décor ?

16. Pourquoi la scène 1 peut-elle être difficile à jouer ? Expliquez.

17. Le titre de la pièce est *le Malade imaginaire*. Qu'est-ce qui montre qu'Argan est ce malade imaginaire ? Comment imaginez-vous son costume, son attitude sur scène ?

LA FACTURE

18. Argan dit que « les parties de M. Fleurant sont fort civiles » (sc. 1, ligne 8). Comment le sont-elles ? Pourquoi le sont-elles ?

19. Argan fait ses comptes et traduit le « langage de l'apothicaire ». Comment réagit-il devant la facture ? Ce comportement semble-t-il habituel ?

20. Que signifie, à votre avis, cette réflexion d'Argan : « il faut vivre avec les malades » (sc. 1, ligne 27) ?

21. À quelle somme approximative s'élèverait actuellement la facture ? Qu'en conclure sur la situation, la fortune d'Argan ? Aidez-vous des renseignements donnés ci-dessous.

Les monnaies officielles

Le louis : le 19 août 1656, la frappe des louis est reprise. Colbert s'est efforcé avec succès de maintenir le louis à un cours fixe de 11 livres. 1 louis = 11 livres. Il existe également les demi-louis.

L'écu : 1 écu = 3 livres tournois, ou 3 francs. 1 écu = 60 sols. Donc *la livre* = 20 sols.

Il existe également le demi-écu, le quart d'écu, le douzième d'écu.

41

Autres monnaies

D'autres monnaies étaient encore utilisées, mais n'étaient plus fabriquées à l'époque de Molière :
la pistole, monnaie espagnole ;
le denier tournois, dont les derniers avaient été frappés sous Henri IV et qui valaient 1/12 du sol ; donc *le sol* = 12 deniers.

Le pouvoir d'achat des monnaies

De 1669 à 1676, Mme de Sévigné rémunère un ouvrier 8 sols par jour et un couvreur 14 sols par jour. Les jours de travail effectifs étant de 250 jours par an, le salaire annuel est donc de 100 à 200 livres.
— Un pain de deux kilos vaut 4 sols.
— Une livre du xviie siècle vaut approximativement 20 francs actuels.

SCÈNE 3. ANGÉLIQUE, TOINETTE, ARGAN.

ARGAN. Approchez, Angélique, vous venez à propos ; je voulais vous parler.

ANGÉLIQUE. Me voilà prête à vous ouïr.

ARGAN, *courant au bassin*[1]. Attendez. Donnez-moi mon bâton.
5 Je vais revenir tout à l'heure[2].

TOINETTE, *en le raillant*. Allez vite, monsieur, allez ; monsieur Fleurant nous donne des affaires.

SCÈNE 4. ANGÉLIQUE, TOINETTE.

ANGÉLIQUE, *la regardant d'un œil languissant*[3], *lui dit confidemment*[4]. Toinette !

TOINETTE. Quoi ?

ANGÉLIQUE. Regarde-moi un peu.

TOINETTE. Hé bien ! Je vous regarde.

5 ANGÉLIQUE. Toinette !

TOINETTE. Hé bien, quoi, « Toinette » ?

ANGÉLIQUE. Ne devines-tu point de quoi je veux parler ?

TOINETTE. Je m'en doute assez : de notre jeune amant[5], car

---

1. *Bassin* : chaise percée, qui se trouve dans une autre pièce, probablement dans la garde-robe. On parle aussi de « chaise d'affaires ».
2. *Tout à l'heure* : bientôt.
3. *D'un œil languissant* : qui exprime la mélancolie amoureuse.
4. *Confidemment* : sur le ton de la confidence.
5. *Amant* : qui aime et est aimé.

c'est sur lui depuis six jours que roulent tous nos entretiens[1],
10 et vous n'êtes point bien si vous n'en parlez à toute heure.

ANGÉLIQUE. Puisque tu connais cela, que[2] n'es-tu donc la
première à m'en entretenir, et que ne m'épargnes-tu la peine
de te jeter sur ce discours[3] ?

TOINETTE. Vous ne m'en donnez pas le temps, et vous
15 avez des soins[4] là-dessus qu'il est difficile de prévenir[5].

ANGÉLIQUE. Je t'avoue que je ne saurais me lasser de te
parler de lui, et que mon cœur profite avec chaleur[6] de tous
les moments de[7] s'ouvrir à toi. Mais dis-moi, condamnes-tu,
Toinette, les sentiments que j'ai pour lui ?

20 TOINETTE. Je n'ai garde[8].

ANGÉLIQUE. Ai-je tort de m'abandonner à ces douces
impressions[9] ?

TOINETTE. Je ne dis pas cela.

ANGÉLIQUE. Et voudrais-tu que je fusse insensible aux tendres
25 protestations de cette passion ardente qu'il témoigne pour
moi ?

TOINETTE. À Dieu ne plaise[10] !

ANGÉLIQUE. Dis-moi un peu, ne trouves-tu pas, comme moi,
quelque chose du ciel, quelque effet du destin, dans l'aventure

---

1. *C'est sur lui que roulent tous nos entretiens* : c'est lui qui est le
sujet permanent de nos conversations.
2. *Que* : pourquoi.
3. *Te jeter sur ce discours* : t'amener sur ce sujet.
4. *Soins* : soucis, inquiétudes, préoccupations.
5. *Prévenir* : aller au-devant (des préoccupations).
6. *Chaleur* : ardeur.
7. *De* : pour.
8. *Je n'ai garde* : je m'en garde bien.
9. *Impressions* : démonstrations.
10. *À Dieu ne plaise !* : Toinette veut dire qu'elle repousse une telle
éventualité.

30 inopinée[1] de notre connaissance[2] ?

TOINETTE. Oui.

ANGÉLIQUE. Ne trouves-tu pas que cette action d'embrasser[3] ma défense sans me connaître est tout à fait d'un honnête homme[4] ?

35 TOINETTE. Oui.

ANGÉLIQUE. Que l'on ne peut en user plus généreusement[5] ?

TOINETTE. D'accord.

ANGÉLIQUE. Et qu'il fit tout cela de la meilleure grâce[6] du monde ?

40 TOINETTE. Oh ! oui.

ANGÉLIQUE. Ne trouves-tu pas, Toinette, qu'il est bien fait de sa personne ?

TOINETTE. Assurément.

ANGÉLIQUE. Qu'il a l'air[7] le meilleur du monde ?

45 TOINETTE. Sans doute.

ANGÉLIQUE. Que ses discours, comme ses actions, ont quelque chose de noble ?

TOINETTE. Cela est sûr.

ANGÉLIQUE. Qu'on ne peut rien entendre de plus passionné
50 que tout ce qu'il me dit ?

---

1. *Inopinée* : imprévue et soudaine.
2. *Connaissance* : rencontre.
3. *Embrasser* : prendre.
4. *Honnête homme* : *l'honnête homme* incarne l'idéal de la période classique. Cultivé, élégant dans ses paroles comme dans ses manières, maître de lui, il se rend toujours agréable en société. Prudent et modéré dans ses jugements, il représente le bon goût de l'époque.
5. *Généreusement* : noblement.
6. *De la meilleure grâce* : avec élégance, aisance.
7. *L'air* : l'allure.

45

TOINETTE.   Il est vrai.

ANGÉLIQUE.   Et qu'il n'est rien de plus fâcheux[1] que la contrainte où l'on me tient, qui bouche[2] tout commerce[3] aux doux empressements[4] de cette mutuelle ardeur que le ciel
55 nous inspire ?

TOINETTE.   Vous avez raison.

ANGÉLIQUE.   Mais, ma pauvre Toinette, crois-tu qu'il m'aime autant qu'il me le dit ?

TOINETTE.   Hé ! hé ! ces choses-là parfois sont un peu sujettes
60 à caution[5]. Les grimaces d'amour ressemblent fort à la vérité, et j'ai vu de grands comédiens là-dessus.

ANGÉLIQUE.   Ah ! Toinette, que dis-tu là ? Hélas ! de la façon qu'il parle[6], serait-il bien possible qu'il ne me dît pas vrai ?

TOINETTE.   En tout cas, vous en serez bientôt éclaircie, et la
65 résolution où il vous écrivit hier qu'il était de vous faire demander en mariage[7] est une prompte voie à vous faire connaître[8] s'il vous dit vrai ou non. C'en sera là la bonne preuve.

ANGÉLIQUE.   Ah ! Toinette, si celui-là me trompe, je ne croirai
70 de ma vie aucun homme.

TOINETTE.   Voilà votre père qui revient.

---

1. *Fâcheux :* pénible.
2. *Bouche :* empêche.
3. *Commerce :* relations, entretiens, fréquentation.
4. *Empressements :* témoignages d'amour.
5. *Sujettes à caution :* obligent à prendre des précautions.
6. *De la façon qu'il parle :* de la façon dont il parle.
7. *La résolution où... mariage :* Cléante dit, dans une lettre qu'il a fait parvenir la veille à Angélique, qu'il est résolu à la demander en mariage.
8. *Connaître :* savoir.

SCÈNE 5. ARGAN ANGÉLIQUE, TOINETTE.

ARGAN *se met dans sa chaise.* Ô çà, ma fille, je vais vous dire une nouvelle où[1] peut-être ne vous attendez-vous pas. On vous demande en mariage. Qu'est-ce que cela ? Vous riez ? Cela est plaisant, oui, ce mot de mariage. Il n'y a rien de
5 plus drôle pour les jeunes filles. Ah ! nature, nature ! À ce que je puis voir, ma fille, je n'ai que faire de vous demander si vous voulez bien vous marier.

ANGÉLIQUE. Je dois faire, mon père, tout ce qu'il vous plaira de m'ordonner.

10 ARGAN. Je suis bien aise d'avoir une fille si obéissante : la chose est donc conclue, et je vous ai promise[2].

ANGÉLIQUE. C'est à moi, mon père, de suivre aveuglément toutes vos volontés.

ARGAN. Ma femme, votre belle-mère, avait envie que je vous
15 fisse religieuse, et votre petite sœur Louison aussi ; et de tout temps elle a été aheurtée[3] à cela.

TOINETTE, *tout bas.* La bonne bête a ses raisons.

ARGAN. Elle ne voulait point consentir à ce mariage ; mais je l'ai emporté, et ma parole est donnée.

20 ANGÉLIQUE. Ah ! mon père, que je vous suis obligée de[4] toutes vos bontés !

TOINETTE. En vérité, je vous sais bon gré de cela[5], et voilà l'action la plus sage que vous ayez faite de votre vie.

ARGAN. Je n'ai point encore vu la personne ; mais on m'a
25 dit que je serais content, et toi aussi.

---

1. *Où :* à laquelle.
2. *Je vous ai promise :* j'ai promis de vous donner en mariage.
3. *Elle a été aheurtée :* elle s'est toujours obstinée.
4. *Je vous suis obligée de :* je vous suis reconnaissante pour.
5. *Je vous sais bon gré de cela :* je vous en suis reconnaissante.

ANGÉLIQUE.   Assurément, mon père.

ARGAN.   Comment ! L'as-tu vu ?

ANGÉLIQUE.   Puisque votre consentement m'autorise à vous
ouvrir mon cœur, je ne feindrai point de[1] vous dire que le
30 hasard nous a fait connaître[2], il y a six jours, et que la
demande qu'on vous a faite est un effet de l'inclination[3] que,
dès cette première vue, nous avons prise l'un pour l'autre.

ARGAN.   Ils ne m'ont pas dit cela, mais j'en suis bien aise
et c'est tant mieux que les choses soient de la sorte. Ils disent
35 que c'est un grand jeune garçon bien fait.

ANGÉLIQUE.   Oui, mon père.

ARGAN.   De belle taille.

ANGÉLIQUE.   Sans doute.

ARGAN.   Agréable de sa personne.

40 ANGÉLIQUE.   Assurément.

ARGAN.   De bonne physionomie.

ANGÉLIQUE.   Très bonne.

ARGAN.   Sage et bien né.

ANGÉLIQUE.   Tout à fait.

45 ARGAN.   Fort honnête[4].

ANGÉLIQUE.   Le plus honnête du monde.

ARGAN.   Qui parle bien latin et grec.

ANGÉLIQUE.   C'est ce que je ne sais pas.

ARGAN.   Et qui sera reçu médecin dans trois jours.

50 ANGÉLIQUE.   Lui, mon père ?

ARGAN.   Oui. Est-ce qu'il ne te l'a pas dit ?

---

1. *Je ne feindrai point de :* je n'hésiterai pas à.
2. *Nous a fait connaître :* nous a fait nous connaître.
3. *L'inclination :* affection.
4. *Honnête :* c'est-à-dire « honnête homme ».

ANGÉLIQUE.   Non, vraiment. Qui vous l'a dit, à vous ?

ARGAN.   Monsieur Purgon.

ANGÉLIQUE.   Est-ce que monsieur Purgon le connaît ?

55 ARGAN.   La belle demande ! Il faut bien qu'il le connaisse, puisque c'est son neveu.

ANGÉLIQUE.   Cléante, neveu de monsieur Purgon ?

ARGAN.   Quel Cléante ? Nous parlons de celui pour qui l'on t'a demandée en mariage.

60 ANGÉLIQUE.   Hé ! oui.

ARGAN.   Hé bien ! c'est le neveu de monsieur Purgon, qui est le fils de son beau-frère le médecin, monsieur Diafoirus ; et ce fils s'appelle Thomas Diafoirus, et non pas Cléante ; et nous avons conclu ce mariage-là ce matin, monsieur Purgon, 65 monsieur Fleurant et moi, et demain ce gendre prétendu[1] doit m'être amené par son père. Qu'est-ce ? Vous voilà toute ébaubie[2].

ANGÉLIQUE.   C'est, mon père, que je connais que[3] vous avez parlé d'une personne, et que j'ai entendu une autre[4].

70 TOINETTE.   Quoi ! monsieur, vous auriez fait ce dessein burlesque ? et, avec tout le bien que vous avez, vous voudriez marier votre fille avec un médecin ?

ARGAN.   Oui. De quoi te mêles-tu, coquine, impudente que tu es ?

75 TOINETTE.   Mon Dieu ! tout doux. Vous allez d'abord[5] aux invectives. Est-ce que nous ne pouvons pas raisonner ensemble

---

1. *Gendre prétendu :* futur gendre.
2. *Toute ébaubie :* toute surprise, au point de bégayer. *Toute* est ici considéré comme adjectif.
3. *Je connais que :* je me rends compte que.
4. *J'ai entendu une autre :* j'ai cru que vous parliez d'une autre personne.
5. *D'abord :* immédiatement.

49

sans nous emporter ? Là, parlons de sang-froid. Quelle est
votre raison, s'il vous plaît, pour un tel mariage ?

ARGAN.   Ma raison est que, me voyant infirme et malade
80 comme je suis, je veux me faire un gendre et des alliés[1]
médecins, afin de m'appuyer de[2] bons secours contre ma
maladie, d'avoir dans ma famille les sources des remèdes qui
me sont nécessaires et d'être à même[3] des consultations et
des ordonnances.

85 TOINETTE.   Hé bien, voilà dire une raison, et il y a plaisir à
se répondre doucement les uns aux autres. Mais, monsieur,
mettez la main à la conscience[4]. Est-ce que vous êtes malade ?

ARGAN.   Comment, coquine, si je suis malade ? si je suis
malade, impudente !

90 TOINETTE.   Hé bien, oui, monsieur, vous êtes malade : n'ayons
point de querelle là-dessus. Oui, vous êtes fort malade ; j'en
demeure d'accord, et plus malade que vous ne pensez : voilà
qui est fait. Mais votre fille doit épouser un mari pour elle,
et, n'étant point malade[5], il n'est pas nécessaire de lui donner
95 un médecin.

ARGAN.   C'est pour moi que je lui donne ce médecin ; et
une fille de bon naturel doit être ravie d'épouser ce qui est
utile à la santé de son père.

TOINETTE.   Ma foi, monsieur, voulez-vous qu'en amie je vous
100 donne un conseil ?

ARGAN.   Quel est-il, ce conseil ?

TOINETTE.   De ne point songer à ce mariage-là.

---

1. *Alliés :* parents par alliance.
2. *M'appuyer de :* pouvoir profiter de.
3. *Être à même de :* être à portée de.
4. *Mettez la main à la conscience :* examinez votre conscience.
5. *N'étant point malade :* comme elle n'est pas malade ; cette
construction est incorrecte actuellement.

ARGAN.   Et la raison ?

TOINETTE.   La raison, c'est que votre fille n'y consentira
105 point.

ARGAN.   Elle n'y consentira point ?

TOINETTE.   Non.

ARGAN.   Ma fille ?

TOINETTE.   Votre fille. Elle vous dira qu'elle n'a que faire de
110 monsieur Diafoirus, ni de son fils Thomas Diafoirus, ni de
tous les Diafoirus du monde.

ARGAN.   J'en ai affaire[1], moi, outre que le parti est plus
avantageux qu'on ne pense : monsieur Diafoirus n'a que ce
fils-là pour tout héritier ; et de plus monsieur Purgon, qui n'a
115 ni femme ni enfants, lui donne tout son bien en faveur de
ce mariage : et monsieur Purgon est un homme qui a huit
mille bonnes livres de rente[2].

TOINETTE.   Il faut qu'il ait tué bien des gens pour s'être fait
si riche.

120 ARGAN.   Huit mille livres de rente sont quelque chose, sans
compter le bien du père.

TOINETTE.   Monsieur, tout cela est bel et bon ; mais j'en
reviens toujours là. Je vous conseille entre nous de lui choisir
un autre mari, et elle n'est point faite pour être madame
125 Diafoirus.

ARGAN.   Et je veux, moi, que cela soit.

TOINETTE.   Eh ! fi[3] ! ne dites pas cela.

ARGAN.   Comment ! que je ne dise pas cela ?

TOINETTE.   Hé ! non.

---

1. *J'en ai affaire* : j'en ai besoin.
2. *Rente* : revenu.
3. *Fi* : exprime le blâme.

130 ARGAN.   Et pourquoi ne le dirai-je pas ?

TOINETTE.   On dira que vous ne songez pas[1] à ce que vous dites.

ARGAN.   On dira ce qu'on voudra, mais je vous dis que je veux qu'elle exécute la parole que j'ai donnée.

135 TOINETTE.   Non, je suis sûre qu'elle ne le fera pas.

ARGAN.   Je l'y forcerai bien.

TOINETTE.   Elle ne le fera pas, vous dis-je.

ARGAN.   Elle le fera, ou je la mettrai dans un couvent.

TOINETTE.   Vous ?

140 ARGAN.   Moi.

TOINETTE.   Bon[2] !

ARGAN.   Comment, bon ?

TOINETTE.   Vous ne la mettrez point dans un couvent.

ARGAN.   Je ne la mettrai point dans un couvent ?

145 TOINETTE.   Non.

ARGAN.   Non ?

TOINETTE.   Non.

ARGAN.   Ouais[3] ! Voici qui est plaisant ! Je ne mettrai pas ma fille dans un couvent, si je veux ?

150 TOINETTE.   Non, vous dis-je.

ARGAN.   Qui m'en empêchera ?

TOINETTE.   Vous-même.

ARGAN.   Moi ?

TOINETTE.   Oui. Vous n'aurez pas ce cœur[4]-là.

---

1. *Vous ne songez pas* : vous ne réfléchissez pas.
2. *Bon* : Toinette veut exprimer qu'elle ne croit pas ce que dit Argan.
3. *Ouais* : exprime la surprise.
4. *Cœur* : courage.

ARGAN Je l'aurai.

155 TOINETTE. Vous vous moquez.

ARGAN. Je ne me moque point.

TOINETTE. La tendresse paternelle vous prendra.

ARGAN. Elle ne me prendra point.

160 TOINETTE. Une petite larme ou deux, des bras jetés au cou, un « mon petit papa mignon » prononcé tendrement, sera assez pour vous toucher.

ARGAN. Tout cela ne fera rien.

TOINETTE. Oui, oui.

165 ARGAN. Je vous dis que je n'en démordrai point.

TOINETTE. Bagatelles[1].

ARGAN Il ne faut point dire : Bagatelles.

TOINETTE. Mon Dieu, je vous connais, vous êtes bon naturellement.

170 ARGAN, *avec emportement*. Je ne suis point bon, et je suis méchant quand je veux.

TOINETTE. Doucement, monsieur, vous ne songez pas que vous êtes malade.

ARGAN. Je lui commande absolument de se préparer à
175 prendre le mari que je dis.

TOINETTE. Et moi, je lui défends absolument d'en faire rien.

ARGAN. Où est-ce donc que nous sommes ? et quelle audace est-ce là à une coquine de servante de parler de la sorte devant son maître ?

---

1. *Bagatelles :* Toinette veut dire qu'elle ne croit que très peu en ces menaces, qu'elle les juge sans importance.

180 TOINETTE.   Quand un maître ne songe pas à ce qu'il fait, une servante bien sensée[1] est en droit de le redresser[2].

ARGAN *court après Toinette.*   Ah ! insolente, il faut que je t'assomme.

TOINETTE *se sauve de lui.*   Il est de mon devoir de m'opposer
185 aux choses qui vous peuvent déshonorer.

ARGAN, *en colère, court après elle autour de sa chaise, son bâton à la main.*   Viens, viens, que je t'apprenne à parler.

TOINETTE, *courant et se sauvant du côté de la chaise où n'est pas Argan.*   Je m'intéresse[3], comme je dois, à ne vous point laisser
190 faire de folie.

ARGAN.   Chienne !

TOINETTE.   Non, je ne consentirai jamais à ce mariage.

ARGAN.   Pendarde[4] !

TOINETTE.   Je ne veux point qu'elle épouse votre Thomas
195 Diafoirus.

ARGAN.   Carogne !

TOINETTE.   Et elle m'obéira plutôt qu'à vous.

ARGAN.   Angélique, tu ne veux pas m'arrêter cette coquine-là ?

200 ANGÉLIQUE.   Eh ! mon père, ne vous faites point malade[5].

ARGAN.   Si tu ne me l'arrêtes, je te donnerai ma malédiction.

TOINETTE.   Et moi, je la déshériterai si elle vous obéit.

ARGAN *se jette dans sa chaise, étant las de courir après elle.*   Ah ! ah ! je n'en puis plus. Voilà pour me faire mourir.

---

1. *Bien sensée :* qui a du bon sens.
2. *Le redresser :* le remettre dans le droit chemin.
3. *Je m'intéresse :* je prends intérêt.
4. *Pendarde :* juron ; qui doit être pendue.
5. *Ne vous faites point malade :* ne vous rendez pas malade.

Acte I, scènes 3, 4 et 5

COMPRÉHENSION

1. Qu'apprend-on grâce aux confidences d'Angélique (sc. 4)
   a. sur le mode de vie dans la maison d'Argan ?
   b. sur les circonstances de sa rencontre avec Cléante ?
2. Sur quel ton Argan aborde-t-il la discussion (sc. 5) ? Comment Angélique lui répond-elle ? Qu'apprenons-nous ainsi sur les rapports père-fille dans les maisons bourgeoises du XVII⁰ siècle ?
3. Toinette veut d'abord « raisonner » Argan. Expliquez ce mot dans le contexte (sc. 5). Quels sont les arguments d'Argan en faveur du mariage ? Quelles sont les objections de Toinette ?

ÉVOLUTION DE L'ACTION

4. Pourquoi fait-on sortir Argan alors qu'Angélique arrive (sc. 3) ? Est-ce utile pour l'intrigue ? Justifiez votre réponse.
5. La scène 5 commence par un quiproquo.
   a. Pourquoi Angélique pense-t-elle immédiatement que le « prétendu gendre » est Cléante ? Justifiez votre réponse en citant une réplique de la scène précédente.
   b. À quel moment Argan et Angélique se rendent-ils compte du malentendu ? Comment réagissent-ils l'un et l'autre ?
6. Pour quelle raison principale, à votre avis, Toinette prend-elle immédiatement la parole (sc. 5, ligne 70) ? Quelles peuvent être les autres raisons ? Justifiez.
7. Angélique, directement concernée, n'intervient cependant pas durant toute la discussion entre Argan et Toinette (sc. 5). Pourquoi ? Qu'est-ce qui motive son unique intervention (ligne 200) ?

LES PERSONNAGES

8. Faites le portrait de Cléante du point de vue d'Angélique.
9. Quelle vision Toinette a-t-elle de Cléante ? Donne-t-elle son avis ? Pourquoi ? Quelle vision Toinette a-t-elle de l'amour ? Imaginez ce qui pourrait justifier cette attitude.

LE COMIQUE DE LA SCÈNE 5

10. Quelle tactique Toinette utilise-t-elle pour persuader Argan de ne pas marier sa fille à Thomas Diafoirus ? Expliquez. À bout d'arguments, Toinette tente cependant de prolonger la discussion. Comment s'y prend-elle ? Nous avons déjà rencontré ce procédé dans une scène précédente. Laquelle ?
11. Dégagez les différents procédés comiques utilisés par Molière.

Argan (Michel Bouquet) et Béline (Arièle Semenoff)
dans une mise en scène de Pierre Boutron.
Théâtre de l'Atelier, en 1987.

SCÈNE 6. BÉLINE, ANGÉLIQUE, TOINETTE, ARGAN.

ARGAN.   Ah ! ma femme, approchez.

BÉLINE.   Qu'avez-vous, mon pauvre mari ?

ARGAN.   Venez-vous-en[1] ici à mon secours.

BÉLINE.   Qu'est-ce que c'est donc qu'il y a, mon petit fils ?

5 ARGAN.   Mamie[2].

BÉLINE.   Mon ami.

ARGAN.   On vient de me mettre en colère.

BÉLINE.   Hélas ! pauvre petit mari ! Comment donc, mon ami ?

10 ARGAN.   Votre coquine de Toinette est devenue plus insolente que jamais.

BÉLINE.   Ne vous passionnez donc point[3].

ARGAN.   Elle m'a fait enrager, mamie.

BÉLINE.   Doucement, mon fils.

15 ARGAN.   Elle a contrecarré[4], une heure durant, les choses que je veux faire.

BÉLINE.   Là, là, tout doux !

ARGAN.   Et a eu l'effronterie de me dire que je ne suis point malade.

20 BÉLINE.   C'est une impertinente.

ARGAN.   Vous savez, mon cœur, ce qui en est.

---

1. *Venez-vous-en :* venez.
2. *Mamie :* mon amie ⎫ élision du pronom possessif devant
M'amour : mon amour ⎭ une voyelle.
3. *Ne vous passionnez donc point :* ne vous laissez pas prendre par la colère, qui est une « passion » mauvaise.
4. *Elle a contrecarré :* elle s'est opposée à.

BÉLINE.   Oui, mon cœur, elle a tort.

ARGAN.   M'amour, cette coquine-là me fera mourir.

BÉLINE.   Hé, là ! hé, là !

25 ARGAN.   Elle est cause de toute la bile que je fais.

BÉLINE.   Ne vous fâchez point tant.

ARGAN.   Et il y a je ne sais combien[1] que je vous dis de me la chasser.

BÉLINE.   Mon Dieu, mon fils, il n'y a point de serviteurs et
30 de servantes qui n'aient leurs défauts. On est contraint parfois
de souffrir leurs mauvaises qualités à cause des bonnes. Celle-
ci est adroite, soigneuse, diligente[2], et surtout fidèle[3] ; et vous
savez qu'il faut maintenant de grandes précautions pour les
gens que l'on prend. Holà ! Toinette !

35 TOINETTE.   Madame.

BÉLINE.   Pourquoi donc est-ce que vous mettez mon mari en
colère ?

TOINETTE, *d'un ton doucereux*[4].   Moi, madame ? Hélas ! je ne
sais pas ce que vous voulez dire, et je ne songe qu'à complaire
40 à monsieur en toutes choses.

ARGAN.   Ah ! la traîtresse !

TOINETTE.   Il nous a dit qu'il voulait donner sa fille en
mariage au fils de monsieur Diafoirus ; je lui ai répondu que
je trouvais le parti avantageux pour elle, mais que je croyais
45 qu'il ferait mieux de la mettre dans un couvent.

BÉLINE.   Il n'y a pas grand mal à cela, et je trouve qu'elle a
raison.

---

1. *Combien :* combien de temps.
2. *Diligente :* adroite et rapide.
3. *Fidèle :* fidèle à la maison, attachée à ses maîtres.
4. *Un ton doucereux :* d'une douceur exagérée, hypocrite.

ARGAN.   Ah ! m'amour, vous la croyez ! C'est une scélérate, elle m'a dit cent insolences.

50 BÉLINE.   Hé bien, je vous crois, mon ami. Là, remettez-vous. Écoutez, Toinette : si vous fâchez jamais[1] mon mari, je vous mettrai dehors. Çà, donnez-moi son manteau fourré et des oreillers[2] dans sa chaise. Vous voilà je ne sais comment. Enfoncez bien votre bonnet jusque sur vos 55 oreilles ; il n'y a rien qui enrhume tant que de prendre l'air par les oreilles.

ARGAN.   Ah ! mamie, que je vous suis obligé de tous les soins que vous prenez de moi !

BÉLINE, *accommodant les oreillers qu'elle met autour d'Argan.*   Levez-60 vous, que je mette ceci sous vous. Mettons celui-ci pour vous appuyer, et celui-là de l'autre côté. Mettons celui-ci derrière votre dos, et cet autre-là pour soutenir votre tête.

TOINETTE, *lui mettant rudement un oreiller sur la tête, et puis fuyant.*   Et celui-ci pour vous garder du serein[3].

65 ARGAN *se lève en colère et jette tous les oreillers à Toinette.*   Ah ! coquine, tu veux m'étouffer.

BÉLINE.   Hé, là ! hé, là ! Qu'est-ce que c'est donc ?

ARGAN, *tout essoufflé, se jette dans sa chaise.*   Ah ! ah ! ah ! je n'en puis plus.

70 BÉLINE.   Pourquoi vous emporter ainsi ? Elle a cru faire bien.

ARGAN.   Vous ne connaissez pas, m'amour, la malice[4] de la pendarde. Ah ! elle m'a mis tout hors de moi ; et il faudra plus de huit médecines et douze lavements pour réparer tout ceci.

---

1. *Si vous fâchez jamais :* si vous fâchez un jour ou l'autre.
2. *L'accommode :* l'installe.
3. *Serein :* humidité du soir.
4. *Malice :* méchanceté.

75 BÉLINE.   Là, là, mon petit ami, apaisez-vous un peu.

ARGAN.   Mamie, vous êtes toute ma consolation.

BÉLINE.   Pauvre petit fils !

ARGAN.   Pour tâcher de reconnaître l'amour que vous me portez, je veux, mon cœur, comme je vous ai dit, faire mon 80 testament.

BÉLINE.   Ah ! mon ami, ne parlons point de cela, je vous prie ; je ne saurais souffrir[1] cette pensée, et le seul mot de testament me fait tressaillir de douleur.

ARGAN.   Je vous avais dit de parler pour cela à votre notaire.

85 BÉLINE.   Le voilà là-dedans[2] que j'ai amené avec moi.

ARGAN.   Faites-le donc entrer, m'amour.

BÉLINE.   Hélas ! mon ami, quand on aime bien un mari, on n'est guère en état de songer à tout cela.

SCÈNE 7.   LE NOTAIRE, BÉLINE, ARGAN.

ARGAN.   Approchez, monsieur de Bonnefoi, approchez. Prenez un siège, s'il vous plaît. Ma femme m'a dit, monsieur, que vous étiez fort honnête homme, et tout à fait de ses amis : et je l'ai chargée de vous parler pour[3] un testament que je 5 veux faire.

BÉLINE.   Hélas ! je ne suis point capable de parler de ces choses-là.

LE NOTAIRE.   Elle m'a, monsieur, expliqué vos intentions et

---

1. *Souffrir* : supporter.
2. *Là-dedans* : dans cette maison, dans la pièce voisine.
3. *Pour* : au sujet de.

le dessein où vous êtes pour elle[1] ; et j'ai à vous dire là-
10 dessus que vous ne sauriez rien donner à votre femme par
votre testament.

ARGAN. Mais pourquoi ?

LE NOTAIRE. La Coutume[2] y résiste. Si vous étiez en pays
de droit écrit, cela se pourrait faire ; mais à Paris et dans les
15 pays coutumiers, au moins dans la plupart, c'est ce qui ne
se peut, et la disposition[3] serait nulle. Tout l'avantage qu'homme
et femme conjoints par mariage se peuvent faire l'un à l'autre,
c'est un don mutuel entre vifs[4] ; encore faut-il qu'il n'y ait
enfants, soit des deux conjoints, ou de l'un d'eux, lors du
20 décès du premier mourant.

ARGAN. Voilà une Coutume bien impertinente[5], qu'un mari
ne puisse rien laisser à une femme dont il est aimé tendrement
et qui prend de lui tant de soin ! J'aurais envie de consulter
mon avocat pour voir comment je pourrais faire.

25 LE NOTAIRE. Ce n'est point à des avocats qu'il faut aller, car
ils sont d'ordinaire sévères là-dessus et s'imaginent que c'est
un grand crime que de disposer en fraude de la loi. Ce sont
gens de difficultés[6], et qui sont ignorants des détours de la
conscience[7]. Il y a d'autres personnes à consulter qui sont

---

1. *Le dessein où vous êtes pour elle :* le projet que vous avez conçu
à son égard.
2. *La Coutume :* les règles du droit n'étaient pas semblables dans
toute la France : le midi de la France était sous le régime du droit
écrit (droit romain). Mais, au centre et au nord, chaque région avait
ses habitudes, ses traditions, qu'on appelait *la Coutume*. Les *pays
coutumiers* étaient les provinces régies par ce système juridique.
3. *La disposition :* le fait de disposer de son bien.
4. *Entre vifs :* entre personnes vivantes.
5. *Impertinente :* qui n'a pas de sens.
6. *Gens de difficultés :* gens qui font des difficultés.
7. *Détours de la conscience :* moyens détournés pour utiliser la loi
sans qu'il y ait fraude apparente, et donc « en bonne conscience ».

30 bien plus accommodantes, qui ont des expédients[1] pour passer doucement par-dessus la loi et rendre juste ce qui n'est pas permis, qui savent aplanir les difficultés d'une affaire et trouver les moyens d'éluder[2] la Coutume par quelque avantage indirect. Sans cela, où en serions-nous tous les jours ? Il faut de la

35 facilité dans les choses ; autrement nous ne ferions rien, et je ne donnerais pas un sou de notre métier.

ARGAN.   Ma femme m'avait bien dit, monsieur, que vous étiez fort habile et fort honnête homme. Comment puis-je faire, s'il vous plaît, pour lui donner mon bien et en frustrer

40 mes enfants ?

LE NOTAIRE.   Comment vous pouvez faire ? Vous pouvez choisir doucement[3] un ami intime de votre femme, auquel vous donnerez en bonne forme[4] par votre testament tout ce que vous pouvez ; et cet ami ensuite lui rendra tout. Vous

45 pouvez encore contracter un grand nombre d'obligations[5] non suspectes au profit de divers créanciers[6], qui prêteront leur nom à votre femme, et entre les mains de laquelle ils mettront leur déclaration que ce qu'ils en ont fait n'a été que pour lui faire plaisir. Vous pouvez aussi, pendant que vous êtes en

50 vie, mettre entre ses mains de l'argent comptant, ou des billets[7] que vous pourrez avoir payables au porteur[8].

BÉLINE.   Mon Dieu ! Il ne faut point vous tourmenter de

---

1. *Expédients :* moyens.
2. *Éluder :* éviter d'appliquer ce qu'exige la Coutume.
3. *Doucement :* discrètement.
4. *En bonne forme :* tout en obéissant à la loi.
5. *Obligation :* document établi par un notaire, et par lequel on reconnaît que l'on doit de l'argent.
6. *Créancier :* personne à qui l'on doit de l'argent.
7. *Billet :* reconnaissance de dettes.
8. *Payable au porteur :* payable à celui qui détient le billet.

tout cela. S'il vient faute de vous[1], mon fils, je ne veux plus
rester au monde.

55 ARGAN.   Mamie !

BÉLINE.   Oui, mon ami, si je suis assez malheureuse pour
vous perdre...

ARGAN.   Ma chère femme !

BÉLINE.   La vie ne me sera plus de rien.

60 ARGAN.   M'amour !

BÉLINE.   Et je suivrai vos pas pour vous faire connaître la
tendresse que j'ai pour vous.

ARGAN.   Mamie, vous me fendez le cœur. Consolez-vous, je
vous en prie.

65 LE NOTAIRE.   Ces larmes sont hors de saison[2], et les choses
n'en sont point encore là.

BÉLINE.   Ah ! monsieur, vous ne savez pas ce que c'est qu'un
mari qu'on aime tendrement.

ARGAN.   Tout le regret que j'aurai, si je meurs, mamie, c'est
70 de n'avoir point un enfant de vous. Monsieur Purgon m'avait
dit qu'il m'en ferait faire un.

LE NOTAIRE.   Cela pourra venir encore.

ARGAN.   Il faut faire mon testament, m'amour, de la façon
que monsieur dit ; mais par précaution je veux vous mettre
75 entre les mains vingt mille francs en or[3], que j'ai dans le
lambris[4] de mon alcôve[5], et deux billets payables au porteur,

---

1. *S'il vient faute de vous* : si vous mourez.
2. *Hors de saison* : qui n'est pas adapté à la situation.
3. *Vingt-mille francs en or* : de 100 000 à 300 000 francs.
4. *Lambris* : revêtement en bois plaqué sur les murs.
5. *Alcôve* : renfoncement ménagé dans une chambre pour y placer
un lit.

qui me sont dus, l'un par monsieur Damon, et l'autre par monsieur Géronte.

BÉLINE. Non, non, je ne veux point de tout cela. Ah !
80 combien dites-vous qu'il y a dans votre alcôve ?

ARGAN. Vingt mille francs, m'amour.

BÉLINE. Ne me parlez point de bien, je vous prie. Ah ! de combien sont les deux billets ?

ARGAN. Ils sont, ma mie, l'un de quatre mille francs, et
85 l'autre de six.

BÉLINE. Tous les biens du monde, mon ami, ne me sont rien au prix de vous.

LE NOTAIRE. Voulez-vous que nous procédions au testament ?

ARGAN. Oui, monsieur, mais nous serons mieux dans mon
90 petit cabinet[1]. M'amour, conduisez-moi, je vous prie.

BÉLINE. Allons, mon pauvre petit fils.

---

1. *Cabinet :* petite pièce de travail.

Acte I, scènes 6 et 7

COMPRÉHENSION

1. Quels sont les termes juridiques employés dans la scène 7 ? Cherchez-en la définition dans un dictionnaire.

2. Le discours de M. Bonnefoi est assez confus. Est-ce seulement à cause du vocabulaire employé ? Ne fait-il pas exprès d'utiliser un « jargon » ? Pourquoi ? Vous chercherez la définition de ce mot dans un dictionnaire pour argumenter votre réponse.

ÉVOLUTION DE L'ACTION ET PERSONNAGES

3. Nous savons maintenant presque tout sur les circonstances et sur les personnages (sc. 6). Faites un bilan : présentez les personnages et leurs objectifs. Résumez tout ce qui s'est passé auparavant.

4. Quelles sont les réactions successives de Béline dans la scène 6 quand Argan lui parle d'héritage ? Montrez qu'elles sont contradictoires.

5. Pour traiter ses affaires, Argan avait-il besoin de Béline (sc. 7) ? Quelle est son utilité sur scène ?

6. Que savons-nous de Béline avant de la voir sur scène (sc. 6) selon Argan et selon Toinette ? Justifiez votre réponse en citant une réplique de la scène précédente.

7. Béline montre beaucoup de tendresse à l'égard d'Argan. Est-elle sincère ? Citez des répliques qui justifieront votre réponse.

8. Argan est-il amoureux de sa femme ? Qu'est-ce qui, à votre avis, motive cet amour ? Comment veut-il le prouver ?

9. « Ma femme m'a dit, monsieur, que vous étiez fort honnête homme » (sc. 7, ligne 2). Est-ce votre avis ? Prouvez-le.

10. Montrez que le notaire est complice de Béline.

LA MISE EN SCÈNE

11. Comment Argan se laisse-t-il convaincre par M. Bonnefoi ? par Béline ? Imaginez les gestes qui pourraient soutenir leurs discours.

12. Comment imaginez-vous le personnage de Béline ? Faites son portrait physique, en tenant compte des indications du texte.

13. Comment, à votre avis, Molière a-t-il costumé le notaire ?

SCÈNE 8. ANGÉLIQUE, TOINETTE.

TOINETTE. Les voilà avec un notaire, et j'ai ouï parler de testament. Votre belle-mère ne s'endort point, et c'est sans doute quelque conspiration contre vos intérêts où[1] elle pousse votre père.

5 ANGÉLIQUE. Qu'il dispose de son bien à sa fantaisie[2], pourvu qu'il ne dispose point de mon cœur. Tu vois, Toinette, les desseins violents[3] que l'on fait sur lui[4]. Ne m'abandonne point, je te prie, dans l'extrémité[5] où je suis.

TOINETTE. Moi, vous abandonner ? j'aimerais mieux mourir.
10 Votre belle-mère a beau me faire sa confidente et me vouloir jeter dans ses intérêts, je n'ai jamais pu avoir d'inclination pour elle, et j'ai toujours été de votre parti. Laissez-moi faire, j'emploierai toute chose pour vous servir ; mais, pour vous servir avec plus d'effet, je veux changer de batterie[6], couvrir[7]
15 le zèle que j'ai pour vous, et feindre d'entrer dans les sentiments de votre père et de votre belle-mère.

ANGÉLIQUE. Tâche, je t'en conjure, de faire donner avis à[8] Cléante du mariage qu'on a conclu.

TOINETTE. Je n'ai personne à employer à cet office que le

---

1. *Où :* à laquelle.
2. *À sa fantaisie :* comme il veut.
3. *Desseins violents :* projets, machinations.
4. *Sur lui :* sur mon cœur.
5. *L'extrémité :* l'affreuse situation.
6. *Changer de batterie :* utiliser d'autres moyens (métaphore empruntée au vocabulaire militaire).
7. *Couvrir :* dissimuler.
8. *Faire donner avis à :* faire avertir.

20 vieux usurier[1] Polichinelle[2], mon amant[3], et il m'en coûtera
pour cela quelques paroles de douceur, que je veux bien
dépenser pour vous. Pour aujourd'hui, il est trop tard ; mais
demain, de grand matin, je l'enverrai quérir, et il sera ravi
de...

25 BÉLINE.   Toinette !

TOINETTE.   Voilà qu'on m'appelle. Bonsoir. Reposez-vous sur
moi.

(Le théâtre change et représente une ville.)

---

1. *Usurier :* personne qui prête de l'argent en prenant des intérêts (le
plus souvent exorbitants).
2. *Polichinelle :* personnage type de la comédie italienne et de la
farce.
3. *Amant :* celui qui aime et est aimé.

Polichinelle.
Gravure de Bonnart
(XVIIᵉ siècle).
Musée Carnavalet.

Premier intermède

Polichinelle dans la nuit vient pour donner une sérénade[1] à sa maîtresse[2]. Il est interrompu d'abord par des violons, contre lesquels il se met en colère, et ensuite par le guet[3], composé de musiciens et de danseurs.

POLICHINELLE. Ô amour, amour, amour, amour ! Pauvre Polichinelle, quelle diable de fantaisie t'es-tu allé mettre dans la cervelle ? À quoi t'amuses-tu[4], misérable insensé que tu es ? Tu quittes le soin de ton négoce, et tu laisses aller tes
5 affaires à l'abandon. Tu ne manges plus, tu ne bois presque plus, tu perds le repos de la nuit, et tout cela pour qui ? Pour une dragonne[5], franche dragonne ; une diablesse qui te rembarre[6] et se moque de tout ce que tu peux lui dire. Mais il n'y a point à raisonner là-dessus : tu le veux, amour ; il
10 faut être fou comme beaucoup d'autres. Cela n'est pas le mieux du monde à[7] un homme de mon âge ; mais qu'y faire ? On n'est pas sage quand on veut, et les vieilles cervelles se démontent comme les jeunes.

Je viens voir si je ne pourrai point adoucir ma tigresse par
15 une sérénade. Il n'y a rien parfois qui soit si touchant qu'un amant qui vient chanter ses doléances[8] aux gonds et aux verrous de la porte de sa maîtresse. Voici de quoi accompagner

---

1. *Sérénade :* concert qui se donne la nuit sous les fenêtres de la femme qu'on aime.
2. *Maîtresse :* la femme aimée.
3. *Le guet :* troupe chargée de surveiller la ville pendant la nuit.
4. *À quoi t'amuses-tu ? :* à quoi perds-tu ton temps ?
5. *Dragonne :* femme acariâtre (féminin de dragon).
6. *Rembarre :* repousse brutalement en refusant d'écouter.
7. *À :* pour.
8. *Doléances :* plaintes.

ma voix. Ô nuit, ô chère nuit, porte mes plaintes amoureuses
jusque dans le lit de mon inflexible[1].
(Il chante ces paroles.)

TEXTE

20 Notte e dî v'amo e v'adoro.
Cerco un sî per mio ristoro ;
Ma se voi dite di nô,
Bell' ingrata, io morirô.
Fra la speranza
25 S'afflige il cuore,
In lontananza
Consuma l'hore ;
Sî dolce inganno
Che mi figura
30 Breve l'affanno,
Ahi ! troppo dura.
Cosi per tropp'amar languisco e muoro.
Notte e dî v'amo e v'adoro.
Cerco un sî per mio ristoro ;
35 Ma se voi dite di nô,
Bell' ingrata, io morirô.
Se non dormite,
Almen pensate
Alle ferite
40 Ch'al cuor mi fate ;
Deh ! almen fingete
Per mio conforto,
Se m'uccidete,
D'haver il torto :
45 Vostra pieta mi scemerà il martoro.
Notte e dî v'amo e v'adoro.

---

1. *Inflexible* : personne qu'on ne peut faire changer d'avis (adjectif
employé comme un nom).

TRADUCTION

20 Nuit et jour, je vous aime, je vous adore,
   Je cherche un « oui » pour mon réconfort ;
   Mais si vous dites « non » encore,
   Belle ingrate, ce sera ma mort.
   Dans l'espérance
25 S'afflige mon cœur,
   Dans l'absence
   Se consume l'heure ;
   Une si douce méprise
   Qui me figure
30 La fin de ma hantise
   Hélas ! beaucoup trop dure !
   Ainsi par trop aimer je languis et je meurs.
   Nuit et jour, je vous aime, je vous adore,
   Je cherche un « oui » pour mon réconfort ;
35 Mais si vous dites « non » encore,
   Belle ingrate, ce sera ma mort.
   Si vous ne dormez,
   Au moins pensez
   Aux plaies insensées
40 Qu'à mon cœur infligez ;
   Ah ! au moins simulez,
   Pour mon réconfort,
   Si vous me tuez,
   D'être dans vos torts :
45 Votre pitié adoucira pour moi le martyre de mort.
   Nuit et jour, je vous aime, je vous adore,

Cerco un sî per mio ristoro ;
Ma se voi dite di nô,
Bell' ingrata, io morirô.

Une vieille se présente à la fenêtre, et répond au signor Polichinelle
en se moquant de lui.

TEXTE

50 Zerbinetti, ch' ogn' hor con finti sguardi,
Mentiti desiri,
Fallaci sospiri,
Accenti buggiardi,
Di fede vi pregiate,
55 Ah ! che non m'ingannate.
Che gia so per prova
Ch'in voi non si trova
Constanza nè fede ;
Oh ! quanto è pazza colei che vi crede !
60 Quei sguardi languidi
Non m'innamorano,
Quei sospir fervidi
Più non m'infiammano ;
Vel giuro a fe.
65 Zerbino misero,
Del vostro piangere
Il mio cor libero
Vuol sempre ridere.
Credet' a me
70 Che già so per prova
Ch'in voi non si trova
Constanza nè fede ;
Oh ! quanto è pazza colei che vi crede !

Je cherche un « oui » pour mon réconfort ;
Mais si vous dites « non » encore,
Belle ingrate, ce sera ma mort.

TRADUCTION

50 Galants, qui, à toute heure, avec de faux regards,
Des désirs menteurs,
Des soupirs trompeurs,
Des accents hâbleurs[1],
De constance vous vantez,
55 Ah ! point ne me trompez !
Car je sais et prouve
Qu'en vous ne se trouve
Constance ni foi ;
Oh ! bien folle est qui vous croit !
60 Ces regards langoureux
Ne me touchent point l'âme,
Ces soupirs amoureux
N'allument plus ma flamme ;
Je vous jure ma foi.
65 Galant de peu d'aloi,
De votre déplaisir
Mon cœur libre de foi
Veut toujours se rire,
Et bien m'en croyez.
70 Car je sais et prouve
Qu'en vous ne se trouve
Constance ni foi ;
Oh ! bien folle est qui vous croit !

1. Hâbleurs : pleins de vantardise.

(Violons.)

POLICHINELLE.   Quelle impertinente harmonie vient inter-
75 rompre ici ma voix ?

(Violons.)

POLICHINELLE.   Paix là ! taisez-vous, violons. Laissez-moi me
plaindre à mon aise des cruautés de mon inexorable[1].

(Violons.)

POLICHINELLE.   Taisez-vous, vous dis-je ! C'est moi qui veux
chanter.

(Violons.)

80 POLICHINELLE.   Paix donc !

(Violons.)

POLICHINELLE.   Ouais !

(Violons.)

POLICHINELLE.   Ahi !

(Violons.)

POLICHINELLE.   Est-ce pour rire ?

(Violons.)

POLICHINELLE.   Ah ! que de bruit !

(Violons.)

85 POLICHINELLE.   Le diable vous emporte !

(Violons.)

POLICHINELLE.   J'enrage !

(Violons.)

POLICHINELLE.   Vous ne vous tairez pas ? Ah ! Dieu soit
loué !

(Violons.)

POLICHINELLE.   Encore ?

(Violons.)

---

1. *Inexorable* : personne qu'on ne peut fléchir (adjectif employé
comme nom).

90 POLICHINELLE.   Peste des violons !
    (Violons.)

POLICHINELLE.   La sotte musique que voilà !
    (Violons.)

POLICHINELLE, *chantant pour se moquer des violons.*   La, la, la,
la, la, la.
    (Violons.)

POLICHINELLE.   La, la, la, la, la, la.
    (Violons.)

POLICHINELLE.   La, la, la, la, la, la.
    (Violons.)

POLICHINELLE.   La, la, la, la, la, la.
    (Violons.)

95 POLICHINELLE.   La, la, la, la, la, la.
    (Violons.)

POLICHINELLE, *avec un luth, dont il ne joue que des lèvres et de la
langue, en disant :* plin, tan, plan, *etc.*   Par ma foi, cela me
divertit. Poursuivez, messieurs les violons, vous me ferez
100 plaisir. Allons donc, continuez, je vous en prie. Voilà le moyen
de les faire taire. La musique est accoutumée à ne point faire
ce qu'on veut. Oh ! sus, à nous ! Avant que de chanter, il
faut que je prélude un peu et joue quelque pièce, afin de
mieux prendre mon ton. Plan, plan, plan. Plin, plin, plin.
105 Voilà un temps fâcheux pour mettre un luth d'accord. Plin,
plin, plin. Plin, tan, plan. Plin, plin. Les cordes ne tiennent
point par ce temps-là. Plin, plan. J'entends du bruit. Mettons
mon luth contre la porte.

ARCHERS, *passant dans la rue, accourent au bruit qu'ils entendent
et demandent en chantant.*   Qui va là ? qui va là ?

110 POLICHINELLE, *tout bas.*   Qui diable est-ce là ? Est-ce que c'est
la mode de parler en musique ?

ARCHERS.   Qui va là ? qui va là ? qui va là ?

POLICHINELLE, *épouvanté.*   Moi, moi, moi.

115 ARCHERS.   Qui va là ? qui va là ? vous dis-je.

POLICHINELLE.   Moi, moi, vous dis-je.

ARCHERS.   Et qui toi ? et qui toi ?

POLICHINELLE.   Moi, moi, moi, moi, moi, moi.

ARCHERS

120 Dis ton nom, dis ton nom, sans davantage attendre.

POLICHINELLE, *feignant d'être bien hardi.*

Mon nom est « Va te faire pendre ».

ARCHERS

Ici camarades, ici.

Saisissons l'insolent qui nous répond ainsi.

ENTRÉE DE BALLET

Tout le guet vient, qui cherche Polichinelle dans la nuit.
(Violons et danseurs.)

POLICHINELLE.   Qui va là ?
(Violons et danseurs.)

POLICHINELLE.   Qui sont les coquins que j'entends ?
(Violons et danseurs.)

POLICHINELLE.   Euh !
(Violons et danseurs.)

POLICHINELLE.   Holà ! mes laquais, mes gens[1] !
(Violons et danseurs.)

5 POLICHINELLE.   Par la mort !
(Violons et danseurs.)

POLICHINELLE.   Par le sang !
(Violons et danseurs.)

POLICHINELLE.   J'en jetterai par terre.
(Violons et danseurs.)

---

1. *Laquais, gens* : valets, serviteurs.

POLICHINELLE.   Champagne, Poitevin, Picard, Basque, Breton[1] !
                  (Violons et danseurs.)

POLICHINELLE.   Donnez-moi mon mousqueton.
                  (Violons et danseurs.)

10 POLICHINELLE *fait semblant de tirer un coup de pistolet.*   Pouh.
                  (Ils tombent tous et s'enfuient.)

POLICHINELLE, *en se moquant.*   Ah ! ah ! ah ! ah ! comme je
leur ai donné l'épouvante. Voilà de sottes gens d'avoir peur
de moi qui ai peur des autres. Ma foi, il n'est que de jouer
d'adresse en ce monde. Si je n'avais tranché du[2] grand seigneur
15 et n'avais fait le brave, ils n'auraient pas manqué de me
happer[3] ! Ah ! Ah ! ah !

Les archers se rapprochent, et, ayant entendu ce qu'il disait, ils le
saisissent au collet.

ARCHERS

Nous le tenons ; à nous, camarades, à nous !
        Dépêchez, de la lumière.

BALLET
Tout le guet vient avec des lanternes.

ARCHERS

Ah ! traître ! Ah ! fripon ! c'est donc vous ?
20 Faquin, maraud, pendard, impudent, téméraire,
Insolent, effronté, coquin, filou, voleur !
        Vous osez nous faire peur !

POLICHINELLE

Messieurs, c'est que j'étais ivre.

---

1. *Champagne... Breton :* Polichinelle nomme ses laquais imaginaires
d'après leur province d'origine.
2. *Trancher de :* se donner des airs de.
3. *Happer :* attraper.

77

ARCHERS

Non, non, non, point de raison,
25   Il faut vous apprendre à vivre.
    En prison, vite, en prison.

POLICHINELLE.   Messieurs, je ne suis point voleur.

ARCHERS.   En prison.

POLICHINELLE.   Je suis un bourgeois de la ville.

30 ARCHERS.   En prison.

POLICHINELLE.   Qu'ai-je fait ?

ARCHERS.   En prison, vite, en prison.

POLICHINELLE.   Messieurs, laissez-moi aller.

ARCHERS.   Non.

35 POLICHINELLE.   Je vous en prie.

ARCHERS.   Non.

POLICHINELLE.   Eh !

ARCHERS.   Non.

POLICHINELLE.   De grâce !

40 ARCHERS.   Non, non.

POLICHINELLE.   Messieurs...

ARCHERS.   Non, non, non.

POLICHINELLE.   S'il vous plaît !

ARCHERS.   Non, non.

45 POLICHINELLE.   Par charité !

ARCHERS.   Non, non.

POLICHINELLE.   Au nom du ciel.

ARCHERS.   Non, non.

POLICHINELLE.   Miséricorde !

ARCHERS

50   Non, non, non, point de raison,
    Il faut vous apprendre à vivre.
    En prison, vite, en prison.

78

POLICHINELLE.   Eh ! n'est-il rien, messieurs, qui soit capable d'attendrir vos âmes ?

ARCHERS

55   Il est aisé de nous toucher,
    Et nous sommes humains plus qu'on ne saurait croire.
    Donnez-nous doucement six pistoles[1] pour boire,
            Nous allons vous lâcher.

POLICHINELLE.   Hélas ! messieurs, je vous assure que je n'ai
60 pas un sol sur moi.

ARCHERS

        Au défaut de six pistoles,
        Choisissez donc, sans façon,
        D'avoir trente croquignoles[2]
        Ou douze coups de bâton.

65 POLICHINELLE.   Si c'est une nécessité, et qu'il faille en passer par là, je choisis les croquignoles.

ARCHERS

        Allons, préparez-vous,
        Et comptez bien les coups.

BALLET

Les archers danseurs lui donnent des croquignoles en cadence.

POLICHINELLE.   Un, et deux, trois et quatre, cinq et six, sept
70 et huit, neuf et dix, onze et douze et treize et quatorze et quinze.

ARCHERS

        Ah ! ah ! vous en voulez passer ;
        Allons, c'est à recommencer.

---

1. *Pistole :* monnaie d'Espagne ou d'Italie qui valait à peu près 10 livres, c'est-à-dire environ 11 francs.
2. *Croquignoles :* coups sur la tête.

POLICHINELLE.   Ah ! messieurs, ma pauvre tête n'en peut plus,
75 et vous venez de me la rendre comme une pomme cuite.
J'aime encore mieux les coups de bâton que de recommencer.

ARCHERS

Soit, puisque le bâton est pour vous plus charmant,
     Vous aurez contentement.

BALLET

Les archers danseurs lui donnent des coups de bâton en cadence.

POLICHINELLE.   Un, deux, trois, quatre, cinq, six, ah ! ah !
80 ah ! je n'y saurais plus résister. Tenez, messieurs, voilà six
pistoles que je vous donne.

ARCHERS

Ah ! l'honnête homme ! ah ! l'âme noble et belle !
Adieu, seigneur, adieu, seigneur Polichinelle.

POLICHINELLE.   Messieurs, je vous donne le bonsoir.

ARCHERS

85 Adieu, seigneur, adieu, seigneur Polichinelle.

POLICHINELLE.   Votre serviteur.

ARCHERS

Adieu, seigneur, adieu, seigneur Polichinelle.

POLICHINELLE.   Très humble valet.

ARCHERS

Adieu, seigneur, adieu, seigneur Polichinelle.

90 POLICHINELLE.   Jusqu'au revoir.

BALLET

Ils dansent tous en réjouissance de l'argent qu'ils ont reçu.

(Le théâtre change et représente une chambre.)

Acte I, scène 8 et Premier Intermède.

COMPRÉHENSION

1. Toinette dit que Polichinelle est son amant (sc. 8, ligne 20). Recherchez quel est le sens du mot « amant » au XVIIe siècle et relevez dans le discours de Polichinelle ce qui s'oppose à cette affirmation (Premier Intermède).

2. Pourquoi Polichinelle chante-t-il en italien ? Indiquez quelles sont les autres références à l'Italie dans le Premier Intermède.

ÉVOLUTION DE L'ACTION

3. Une information nouvelle et importante nous est donnée par Toinette dans la scène 8. Laquelle ?

4. La scène 8 conclut l'acte I. Comment introduit-elle l'acte II ? Comment introduit-elle aussi l'Intermède qui va suivre ?

5. Dans la scène 8, Toinette dit qu'elle va envoyer Polichinelle avertir Cléante de la décision d'Argan. Polichinelle entre effectivement sur scène. Mais que se passe-t-il ?

LA MISE EN SCÈNE

7. À quelles situations Polichinelle se trouve-t-il successivement confronté ? En quoi sont-elles comiques ?

8. Quels sont les problèmes que les metteurs en scène peuvent rencontrer pour présenter le Premier Intermède ? Comment feriez-vous ? Sur quel aspect comique insisteriez-vous davantage ? Par quels moyens ? Polichinelle est un type. Quel est son costume traditionnel ? Imaginez celui des autres intervenants dans le Premier Intermède.

Questions sur l'ensemble de l'Acte I

COMPRÉHENSION

1. Quels sont les indices dans le texte et les didascalies (voir p. 230) qui nous donnent des indications sur : le genre de la pièce ? le contexte historique ?

2. Quels sont les enjeux des différents personnages, ce qu'ils ont perdu ou gagné tout au long de ce premier acte ? Montrez comment ils s'opposent ou se complètent.

3. Étudiez les répliques des personnages (nombre, longueur).
   a. Dans chacune des scènes, qui prend la parole ? Qui parle

le plus ? Qui parle à qui ? Comment chaque personnage parle-
t-il ? Étudiez les types et formes de phrases utilisés.

  b. Y a-t-il parfois des problèmes d'échange, de communication
entre les personnages ?

  c. Y a-t-il plusieurs niveaux de communication (non-dit,
implicite, double entente dans le dialogue...) ?

4. Quels personnages ont des comportements répétés ?

5. Le langage de chacun des personnages est-il significatif de
son appartenance à un certain milieu social ? Analysez chacun
d'eux à travers le vocabulaire qu'il emploie, ses gestes et ses
attitudes.

LE TEMPS

6. Relevez toutes les indications temporelles (texte et didascalies).

7. Dans la réalité, quelle serait la durée de chacune des scènes ?
Correspond-elle au temps de présence des personnages sur
scène ?

8. Quels sont les événements qui se sont produits avant la
première scène ? Quels sont ceux qui se produisent quand les
personnages sont sur scène ? Quels sont alors ceux qui font
l'objet de récit de la part des personnages ? Quels sont ceux qui
ne sont pas racontés ?

L'ESPACE, LA MISE EN SCÈNE, LE PUBLIC

9. Relevez tous les indices concernant : décor, objets, déplace-
ment des personnages, vêtements...

10. Y a-t-il des oppositions entre les différents lieux (ouvert/
fermé, caché/montré, haut/bas, devant/derrière, loin/près...) ?
Quel est le lieu privilégié sur la scène ?
Comment les personnages évoluent-ils dans l'espace ? Les entrées
et sorties sont-elles fréquentes ? Relevez-les. Analysez la
démarche, les gestes. Que pouvez-vous dire alors des personnages ? Sont-ils à l'aise ? Cherchent-ils à conquérir l'espace ? À
le fuir ? À l'utiliser ? Argumentez.

11. L'attention du public est-elle fortement sollicitée dans le
texte par des moyens précis ? Lesquels ? Quand ?

12. Le texte contient-il une interpellation directe du public ?

13. Peut-on repérer des formes de « théâtre dans le théâtre »
(par ex. un personnage jouant la comédie ou se déguisant...) ?

Acte II

SCÈNE PREMIÈRE. TOINETTE, CLÉANTE.

TOINETTE. Que demandez-vous, monsieur ?

CLÉANTE. Ce que je demande ?

TOINETTE. Ah ! ah ! c'est vous ? Quelle surprise ! Que venez-vous faire céans[1] ?

CLÉANTE. Savoir ma destinée, parler à l'aimable Angélique, consulter les sentiments de son cœur, et lui demander ses résolutions sur ce mariage fatal[2] dont on m'a averti.

TOINETTE. Oui ; mais on ne parle pas comme cela de but en blanc[3] à Angélique ; il y faut des mystères, et l'on vous a dit l'étroite garde où elle est retenue, qu'on ne la laisse ni sortir ni parler à personne, et que ce ne fut que la curiosité[4] d'une vieille tante qui nous fit accorder la liberté d'aller à cette comédie qui donna lieu à la naissance de votre passion ; et nous nous sommes bien gardées de parler de cette aventure.

CLÉANTE. Aussi ne viens-je pas ici comme Cléante, et sous l'apparence de son amant, mais comme ami de son maître de musique, dont j'ai obtenu le pouvoir de dire qu'il m'envoie à sa place.

TOINETTE. Voici son père. Retirez-vous[5] un peu, et me laissez lui dire que vous êtes là.

---

1. *Céans :* ici, dans cette maison.
2. *Fatal :* dû au destin.
3. *De but en blanc :* directement, sans précautions.
4. *Curiosité :* l'intérêt (de la tante pour la nièce).
5. *Retirez-vous :* éloignez-vous.

SCÈNE 2. ARGAN, TOINETTE, CLÉANTE.

ARGAN. Monsieur Purgon m'a dit de me promener le matin dans ma chambre douze allées et douze venues ; mais j'ai oublié à[1] lui demander si c'est en long ou en large.

TOINETTE. Monsieur, voilà un...

5 ARGAN. Parle bas, pendarde ! tu viens m'ébranler tout le cerveau, et tu ne songes pas qu'il ne faut point parler si haut à des malades.

TOINETTE. Je voulais vous dire, monsieur...

ARGAN. Parle bas, te dis-je.

10 TOINETTE. Monsieur... *(Elle fait semblant de parler.)*

ARGAN. Eh ?

TOINETTE. Je vous dis que... *(Elle fait semblant de parler.)*

ARGAN. Qu'est-ce que tu dis ?

TOINETTE, *haut*. Je dis que voilà un homme qui veut parler
15 à vous[2].

ARGAN. Qu'il vienne. *(Toinette fait signe à Cléante d'avancer.)*

CLÉANTE. Monsieur...

TOINETTE, *raillant*. Ne parlez pas si haut, de peur d'ébranler le cerveau de monsieur.

20 CLÉANTE. Monsieur, je suis ravi de vous trouver debout et de voir que vous vous portez mieux.

TOINETTE, *feignant d'être en colère*. Comment, qu'il se porte mieux ? Cela est faux. Monsieur se porte toujours mal.

---

1. *À :* de.
2. *Parler à vous :* (familier) vous parler.

CLÉANTE.   J'ai ouï dire que monsieur était mieux, et je lui
25 trouve bon visage.

TOINETTE.   Que voulez-vous dire avec votre bon visage ?
Monsieur l'a fort mauvais, et ce sont des impertinents qui
vous ont dit qu'il était mieux. Il ne s'est jamais si mal porté.

ARGAN.   Elle a raison.

30 TOINETTE.   Il marche, dort, mange et boit tout comme les
autres ; mais cela n'empêche pas qu'il ne soit fort malade.

ARGAN.   Cela est vrai.

CLÉANTE.   Monsieur, j'en suis au désespoir. Je viens de la
part du maître à chanter de mademoiselle votre fille. Il s'est
35 vu obligé d'aller à la campagne pour quelques jours, et,
comme son ami intime[1], il m'envoie à sa place pour lui
continuer ses leçons de peur qu'en les interrompant elle ne
vînt à oublier ce qu'elle sait déjà.

ARGAN.   Fort bien. Appelez Angélique.

40 TOINETTE.   Je crois, monsieur, qu'il sera mieux de mener
monsieur à sa chambre.

ARGAN.   Non, faites-la venir.

TOINETTE.   Il ne pourra lui donner leçon comme il faut s'ils
ne sont en particulier[2].

45 ARGAN.   Si fait, si fait.

TOINETTE.   Monsieur, cela ne fera que vous étourdir[3], et il
ne faut rien pour vous émouvoir en l'état où vous êtes et
vous ébranler le cerveau.

ARGAN.   Point, point, j'aime la musique, et je serai bien aise
50 de... Ah ! la voici. Allez-vous-en voir, vous, si ma femme est
habillée.

---

1. *Comme son ami intime :* comme je suis son ami intime.
2. *En particulier :* à part, retirés.
3. *Vous étourdir :* vous fatiguer.

SCÈNE 3. ARGAN, ANGÉLIQUE, CLÉANTE.

ARGAN. Venez, ma fille, votre maître de musique est allé aux champs[1], et voilà une personne qu'il envoie à sa place pour vous montrer[2].

ANGÉLIQUE. Ah ! ciel !

5 ARGAN. Qu'est-ce ? D'où vient cette surprise ?

ANGÉLIQUE. C'est...

ARGAN. Quoi ? Qui[3] vous émeut de la sorte ?

ANGÉLIQUE. C'est, mon père, une aventure surprenante qui se rencontre[4] ici.

10 ARGAN. Comment ?

ANGÉLIQUE. J'ai songé[5] cette nuit que j'étais dans le plus grand embarras du monde, et qu'une personne faite tout comme monsieur s'est présentée à moi, à qui j'ai demandé secours, et qui m'est venue tirer de la peine où j'étais ; et
15 ma surprise a été grande de voir inopinément[6] en arrivant ici ce que j'ai eu dans l'idée toute la nuit.

CLÉANTE. Ce n'est pas être malheureux que d'occuper votre pensée, soit en dormant, soit en veillant[7] ; et mon bonheur serait grand sans doute[8] si vous étiez dans quelque peine dont
20 vous me jugeassiez digne de vous tirer ; et il n'y a rien que je ne fisse pour...

---

1. *Aux champs :* à la campagne.
2. *Pour vous montrer :* pour vous enseigner (la musique).
3. *Qui ? :* qu'est-ce qui ?
4. *Qui se rencontre :* qui survient.
5. *J'ai songé :* j'ai rêvé.
6. *Inopinément :* de façon brusque et inattendue.
7. *En veillant :* en étant éveillée.
8. *Sans doute :* n'en doutez pas.

SCÈNE 4. TOINETTE, CLÉANTE, ANGÉLIQUE, ARGAN.

TOINETTE, *par dérision.* Ma foi, monsieur, je suis pour vous[1] maintenant, et je me dédis de tout ce que je disais[2] hier. Voici monsieur Diafoirus le père et monsieur Diafoirus le fils qui viennent vous rendre visite. Que vous serez bien engendré[3] !
5 Vous allez voir le garçon le mieux fait du monde et le plus spirituel. Il n'a dit que deux mots, qui m'ont ravie, et votre fille va être charmée de[4] lui.

ARGAN, *à Cléante, qui feint de vouloir s'en aller.* Ne vous en allez point, monsieur. C'est que je marie ma fille, et voilà
10 qu'on lui amène son prétendu mari[5], qu'elle n'a point encore vu.

CLÉANTE. C'est m'honorer beaucoup, monsieur, de vouloir que je sois témoin d'une entrevue si agréable.

ARGAN. C'est le fils d'un habile médecin, et le mariage se
15 fera dans quatre jours.

CLÉANTE. Fort bien.

ARGAN. Mandez-le[6] un peu à son maître de musique, afin qu'il se trouve à la noce.

CLÉANTE. Je n'y manquerai pas.

20 ARGAN. Je vous y prie aussi.

CLÉANTE. Vous me faites beaucoup d'honneur.

TOINETTE. Allons, qu'on se range[7] ; les voici.

---

1. *Je suis pour vous :* je suis d'accord avec vous.
2. *Je me dédis de tout ce que je disais :* je retire toutes mes paroles.
3. *Que [...] engendré :* comme vous aurez un bon gendre !
4. *De :* par.
5. *Prétendu mari :* futur mari, prétendant.
6. *Mandez-le :* faites-le savoir.
7. *Qu'on se range :* prononcé habituellement à l'entrée de puissants personnages.

Acte II, scènes 1, 2, 3 et 4

COMPRÉHENSION

1. « Nous nous sommes bien gardées de parler de cette aventure » (sc. 1, ligne 14). Est-ce tout à fait vrai ? Justifiez.

2. Que pensez-vous de la façon dont Cléante exprime ses sentiments (sc. 3 et 4) ?

3. Malgré la présence d'Argan, les deux amoureux arrivent à se parler intimement (sc. 3). Comment procèdent-ils ?

4. Imaginez la fin de la réplique de Cléante interrompue par Toinette (sc. 3, ligne 21).

5. Qu'apprend-on sur l'éducation d'Angélique (scènes 1 et 2) ?

L'ACTION ET LES PERSONNAGES

6. Combien de temps s'est-il écoulé entre la fin de l'acte I et le début de l'acte II ? Justifiez votre réponse.

7. La situation a évolué. Cléante entre en scène (sc. 1). Pourquoi ?

8. À peine présenté à Argan, Cléante commet des maladresses (sc. 2). De quelle nature sont-elles ? Comment Toinette tente-t-elle de l'aider ? Quand comprend-il qu'il n'a pas choisi le bon chemin ?

9. Dans la scène 3, on frôle un « coup de théâtre » (voir p. 230). Lequel ?

10. À votre avis, quelles auraient pu être les conséquences si Angélique n'avait pas su répondre si rapidement ?

11. À votre avis, comment Cléante se représentait-il Argan avant de le rencontrer ? Justifiez votre réponse en tenant compte de tout ce que vous savez d'Argan.

12. À votre avis, quel est le sentiment immédiat d'Argan pour Cléante ?

13. Dès la fin de la scène 4, Cléante se présente comme un « honnête homme ». Montrez-le.

LE COMIQUE ET LA MISE EN SCÈNE

14. Comment Toinette peut-elle se moquer d'Argan sans que celui-ci lui fasse aucun reproche (sc. 2) ? Imaginez la mise en scène.

15. À votre avis, quelle est la mimique de Toinette lorsqu'elle entre en scène (sc. 4) ? À qui s'adresse-t-elle par ses gestes, par ses paroles ? Quel ton emploie-t-elle ensuite ligne 22 ?

16. Relevez tous les jeux de mots de Toinette dans ces quatre scènes, et montrez qu'elle est le plus souvent ironique.

SCÈNE 5. MONSIEUR DIAFOIRUS, THOMAS DIAFOIRUS, ARGAN, ANGÉLIQUE, CLÉANTE, TOINETTE.

ARGAN, *mettant la main à son bonnet sans l'ôter.* Monsieur Purgon, monsieur, m'a défendu de découvrir ma tête. Vous êtes du métier, vous savez les conséquences.

MONSIEUR DIAFOIRUS. Nous sommes dans toutes nos visites
5 pour[1] porter secours aux malades, et non pour leur porter de l'incommodité.

ARGAN. Je reçois, monsieur...

(Ils parlent tous deux en même temps, s'interrompent et confondent.)

MONSIEUR DIAFOIRUS. Nous venons ici, monsieur...

ARGAN. Avec beaucoup de joie...

10 MONSIEUR DIAFOIRUS. Mon fils Thomas et moi...

ARGAN. L'honneur que vous me faites...

MONSIEUR DIAFOIRUS. Vous témoigner, monsieur...

ARGAN. Et j'aurais souhaité...

MONSIEUR DIAFOIRUS. Le ravissement où nous sommes...

15 ARGAN. De pouvoir aller chez vous...

MONSIEUR DIAFOIRUS. De la grâce que vous nous faites...

ARGAN. Pour vous en assurer...

MONSIEUR DIAFOIRUS. De vouloir bien nous recevoir...

ARGAN. Mais vous savez, monsieur...

20 MONSIEUR DIAFOIRUS. Dans l'honneur, monsieur...

ARGAN. Ce que c'est qu'un pauvre malade...

---

1. *Nous sommes pour :* nous devons.

Argan et M. Purgon
Caricature de Grandville (1803-1847) pour *le Malade imaginaire*.
Musée Carnavalet.

90

MONSIEUR DIAFOIRUS. De votre alliance[1]...

ARGAN. Qui ne peut faire autre chose...

MONSIEUR DIAFOIRUS. Et vous assurer...

25 ARGAN. Que de vous dire ici...

MONSIEUR DIAFOIRUS. Que dans les choses qui dépendront de notre métier...

ARGAN. Qu'il cherchera toutes les occasions...

MONSIEUR DIAFOIRUS. De même qu'en toute autre...

30 ARGAN. De vous faire connaître, monsieur...

MONSIEUR DIAFOIRUS. Nous serons toujours prêts, monsieur...

ARGAN. Qu'il est tout à votre service...

MONSIEUR DIAFOIRUS. À vous témoigner notre zèle[2]. *(Il se retourne vers son fils et lui dit)* : Allons, Thomas, avancez. Faites
35 vos compliments[3].

THOMAS DIAFOIRUS *est un grand benêt[4] nouvellement sorti des écoles, qui fait toutes choses de mauvaise grâce[5] et à contretemps.*
N'est-ce pas par le père qu'il convient commencer ?

MONSIEUR DIAFOIRUS. Oui.

40 THOMAS DIAFOIRUS. Monsieur, je viens saluer, reconnaître, chérir et révérer[6] en vous un second père, mais un second père auquel j'ose dire que je me trouve plus redevable qu'au premier. Le premier m'a engendré, mais vous m'avez choisi. Il m'a reçu par nécessité, mais vous m'avez accepté par grâce[7].

---

1. *Votre alliance :* le fait que nous allons devenir vos parents par alliance.
2. *Zèle :* ardeur à rendre service.
3. *Compliment :* discours de politesse.
4. *Benêt :* sot.
5. *De mauvaise grâce :* sans grâce, maladroitement.
6. *Révérer :* honorer.
7. *Par grâce :* par faveur.

45 Ce que je tiens de lui est un ouvrage de son corps, mais ce
que je tiens de vous est un ouvrage de votre volonté ; et,
d'autant plus que les facultés spirituelles sont au-dessus des
corporelles, d'autant plus je vous dois, et d'autant plus je
tiens précieuse cette future filiation[1], dont je viens aujourd'hui
50 vous rendre par avance les très humbles et très respectueux
hommages.

TOINETTE.   Vivent les collèges d'où l'on sort si habile homme !

THOMAS DIAFOIRUS.   Cela a-t-il bien été, mon père ?

MONSIEUR DIAFOIRUS.   *Optime*[2].

55 ARGAN, *à Angélique.*   Allons, saluez monsieur.

THOMAS DIAFOIRUS.   Baiserai-je[3] ?

MONSIEUR DIAFOIRUS.   Oui, oui.

THOMAS DIAFOIRUS, *à Angélique.*   Madame, c'est avec justice
que le ciel vous a concédé le nom de belle-mère, puisque
60 l'on...

ARGAN.   Ce n'est pas ma femme, c'est ma fille à qui vous
parlez.

THOMAS DIAFOIRUS.   Où donc est-elle ?

ARGAN.   Elle va venir.

65 THOMAS DIAFOIRUS.   Attendrai-je, mon père, qu'elle soit
venue ?

MONSIEUR DIAFOIRUS.   Faites toujours le compliment de
mademoiselle.

THOMAS DIAFOIRUS.   Mademoiselle, ne plus ne moins[4] que la

---

1. *Filiation* : descendance de père en fils. Par le mariage, Thomas va
devenir le fils d'Argan.
2. *Optime* (latin) : très bien.
3. *Baiserai-je ?* : dois-je lui baiser la joue ?
4. *Ne plus ne moins* : ni plus ni moins.

70 statue de Memnon[1] rendait un son harmonieux lorsqu'elle
venait à être éclairée des rayons du soleil, tout de même me
sens-je animé d'un doux transport[2] à l'apparition du soleil de
vos beautés. Et, comme les naturalistes remarquent que la
fleur nommée héliotrope tourne sans cesse vers cet astre du
75 jour, aussi mon cœur, dores-en-avant[3], tournera-t-il toujours
vers les astres resplendissants de vos yeux adorables, ainsi que
vers son pôle[4] unique. Souffrez donc, mademoiselle, que
j'appende[5] aujourd'hui à l'autel de vos charmes l'offrande de
ce cœur, qui ne respire et n'ambitionne autre gloire que d'être
80 toute sa vie, mademoiselle, votre très humble, très obéissant
et très fidèle serviteur et mari.

TOINETTE, *en le raillant*.   Voilà ce que c'est que d'étudier, on
apprend à dire de belles choses.

ARGAN.   Eh ! que dites-vous de cela ?

85 CLÉANTE.   Que monsieur fait merveilles, et que, s'il est aussi
bon médecin qu'il est bon orateur, il y aura plaisir à être de
ses malades.

TOINETTE.   Assurément. Ce sera quelque chose d'admirable,
s'il fait d'aussi belles cures[6] qu'il fait de beaux discours.

90 ARGAN.   Allons, vite, ma chaise, et des sièges à tout le
monde. Mettez-vous là, ma fille. Vous voyez, monsieur, que
tout le monde admire monsieur votre fils, et je vous trouve
bien heureux de vous voir un garçon comme cela.

---

1. *Statue de Memnon :* statue grecque située près de Thèbes d'Égypte
représentant Memnon, fils de l'Aurore. On disait que cette statue
chantait aux premiers rayons du soleil et que Memnon saluait ainsi
le lever de sa mère.
2. *Transport :* mouvement d'émotion.
3. *Dores-en-avant :* dorénavant.
4. *Pôle :* pôle magnétique.
5. *J'appende :* je suspende.
6. *Cures :* traitements.

Monsieur Diafoirus. Monsieur, ce n'est pas parce que je
95 suis son père, mais je puis dire que j'ai sujet d'être content
de lui, et que tous ceux qui le voient en parlent comme d'un
garçon qui n'a point de méchanceté. Il n'a jamais eu
l'imagination bien vive, ni ce feu[1] d'esprit qu'on remarque
dans quelques-uns, mais c'est par là que j'ai toujours bien
100 auguré[2] de sa judiciaire[3], qualité requise pour l'exercice de
notre art[4]. Lorsqu'il était petit, il n'a jamais été ce qu'on
appelle mièvre[5] et éveillé. On le voyait toujours doux, paisible
et taciturne[6], ne disant jamais mot, et ne jouant jamais à tous
ces petits jeux que l'on nomme enfantins. On eut toutes les
105 peines du monde à lui apprendre à lire, et il avait neuf ans
qu'il ne connaissait pas encore ses lettres. « Bon, disais-je en
moi-même, les arbres tardifs sont ceux qui produisent les
meilleurs fruits. On grave sur le marbre bien plus malaisément
que sur le sable ; mais les choses y sont conservées bien plus
110 longtemps, et cette lenteur à comprendre, cette pesanteur
d'imagination est la marque d'un bon jugement à venir. »
Lorsque je l'envoyai au collège, il trouva de la peine ; mais
il se raidissait contre les difficultés, et ses régents[7] se louaient
toujours à moi de son assiduité et de son travail. Enfin, à
115 force de battre le fer, il en est venu glorieusement à avoir
ses licences[8] ; et je puis dire sans vanité que depuis deux ans

---

1. *Ce feu :* cette vivacité.
2. *Auguré :* deviné.
3. *Judiciaire :* faculté de jugement, d'appréciation.
4. *Notre art :* au XVIIᵉ siècle, la médecine est considérée seulement
comme un art (= un métier, une technique) et pas encore comme
une science.
5. *Mièvre :* vif et malicieux. Le sens a changé depuis la fin du
XVIIᵉ siècle.
6. *Taciturne :* qui parle peu.
7. *Ses régents :* professeurs, au collège.
8. *Licences :* ses « lettres », c'est-à-dire son diplôme de licence.

qu'il est sur les bancs[1], il n'y a point de candidat qui ait fait plus de bruit[2] que lui dans toutes les disputes[3] de notre école. Il s'y est rendu redoutable, et il ne s'y passe point d'acte[3] où
120 il n'aille argumenter à outrance[4] pour la proposition contraire. Il est ferme dans la dispute, fort comme un Turc sur ses principes, ne démord jamais de son opinion, et poursuit un raisonnement jusque dans les derniers recoins de la logique. Mais, sur toute chose, ce qui me plaît en lui, et en quoi il
125 suit mon exemple, c'est qu'il s'attache aveuglément aux opinions de nos anciens, et que jamais il n'a voulu comprendre ni écouter les raisons et les expériences des prétendues découvertes de notre siècle touchant la circulation du sang et autres opinions de même farine[5].

130 THOMAS DIAFOIRUS, *tirant une grande thèse roulée de sa poche, qu'il présente à Angélique.* J'ai contre les circulateurs[6] soutenu une thèse, qu'avec la permission de monsieur, j'ose présenter à mademoiselle comme un hommage que je lui dois des prémices[7] de mon esprit.

135 ANGÉLIQUE. Monsieur, c'est pour moi un meuble[8] inutile, et je ne me connais pas à ces choses-là.

TOINETTE. Donnez, donnez, elle est toujours bonne à prendre pour l'image[9], cela servira à parer notre chambre.

---

1. *Sur les bancs :* c'est-à-dire sur les bancs d'étudiants.
2. *Qui ait fait plus de bruit :* qui se soit davantage fait remarquer.
3. *Dispute :* ⎤ discussion publique, qui porte
   Acte : ⎦ sur le sujet d'une thèse.
4. *À outrance :* aussi loin que possible.
5. *De même farine :* du même genre c'est-à-dire qui ne vaut rien.
6. *Circulateurs :* ceux qui croient en la circulation du sang dans les veines. Jeu de mots : en latin, *circulator* signifie « charlatan ».
7. *Prémices :* commencement, début.
8. *Meuble :* objet (de la maison).
9. *Pour l'image :* les thèses de l'époque étaient ornées de diverses illustrations (armoiries, etc.).

95

THOMAS DIAFOIRUS.   Avec la permission aussi de monsieur,
140 je vous invite à venir voir l'un de ces jours, pour vous divertir,
la dissection d'une femme, sur quoi[1] je dois raisonner.

TOINETTE.   Le divertissement sera agréable. Il y en a qui
donnent la comédie à leurs maîtresses[2], mais donner une
dissection est quelque chose de plus galant[3].

145 MONSIEUR DIAFOIRUS.   Au reste, pour ce qui est des qualités
requises pour le mariage et la propagation[4], je vous assure
que, selon les règles de nos docteurs, il est tel qu'on le peut
souhaiter ; qu'il possède en un degré louable la vertu prolifique[5],
et qu'il est du tempérament qu'il faut pour engendrer et
150 procréer des enfants bien conditionnés[6].

ARGAN.   N'est-ce pas votre intention, monsieur, de le pousser
à la cour et d'y ménager pour lui une charge[7] de médecin ?

MONSIEUR DIAFOIRUS.   À vous en parler franchement, notre
métier auprès des grands ne m'a jamais paru agréable, et j'ai
155 toujours trouvé qu'il valait mieux, pour nous autres, demeurer
au public. Le public est commode. Vous n'avez à répondre
de vos actions à personne, et, pourvu que l'on suive le courant
des règles[8] de l'art, on ne se met point en peine de tout ce
qui peut arriver[9]. Mais ce qu'il y a de fâcheux auprès des
160 grands, c'est que, quand ils viennent à être malades, ils veulent
absolument que leurs médecins les guérissent.

---

1. *Sur quoi :* sur laquelle.
2. *Maîtresse :* femme qu'on aime.
3. *Galant :* distingué, élégant.
4. *Propagation :* action de procréer.
5. *Vertu prolifique :* qualité qui donne la faculté d'engendrer.
6. *Conditionné :* en bonne condition physique et morale.
7. *Ménager une charge :* acheter une charge.
8. *Suivre le courant des règles :* appliquer les règles.
9. *On ne se met pas en peine de tout ce qui peut arriver :* on ne se
soucie guère de toutes les conséquences.

TOINETTE. Cela est plaisant, et ils sont bien impertinents[1] de vouloir que, vous autres, messieurs, vous les guérissiez ! Vous n'êtes point auprès d'eux pour cela ; vous n'y êtes que pour
165 recevoir vos pensions[2] et leur ordonner[3] des remèdes ; c'est à eux à guérir s'ils peuvent.

MONSIEUR DIAFOIRUS. Cela est vrai. On n'est obligé qu'à[4] traiter les gens dans les formes[5].

ARGAN, *à Cléante*. Monsieur, faites un peu chanter ma fille
170 devant la compagnie.

CLÉANTE. J'attendais vos ordres, monsieur, et il m'est venu en pensée, pour divertir la compagnie, de chanter avec mademoiselle une scène d'un petit opéra qu'on a fait depuis peu. *(À Angélique, lui donnant un papier.)* Tenez, voilà votre
175 partie[6].

ANGÉLIQUE. Moi ?

CLÉANTE, *bas à Angélique*. Ne vous défendez point, s'il vous plaît, et me laissez vous faire comprendre ce que c'est que la scène que nous devons chanter. *(Haut.)* Je n'ai pas une
180 voix à chanter ; mais il suffit que je me fasse entendre, et l'on aura la bonté de m'excuser par la nécessité où je me trouve de faire chanter mademoiselle.

ARGAN. Les vers en sont-ils beaux ?

CLÉANTE. C'est proprement ici un petit opéra impromptu[7],
185 et vous n'allez entendre chanter que de la prose cadencée,

---

1. *Impertinent* : qui va contre le bon sens.
2. *Pensions* : paiements. Les médecins attachés au service des grands recevaient à ce titre une pension.
3. *Ordonner* : faire une ordonnance.
4. *À* : de.
5. *Dans les formes* : selon les règles de l'art.
6. *Partie* : partie de chant (ce qu'Angélique doit chanter).
7. *Impromptu* : improvisé. .

ou des manières de[1] vers libres, tels que[2] la passion et la nécessité peuvent faire trouver à deux personnes qui disent les choses d'elles-mêmes et parlent sur-le-champ.

ARGAN. Fort bien. Écoutons.

190 CLÉANTE, *sous le nom d'un berger, explique à sa maîtresse son amour depuis leur rencontre, et ensuite ils s'appliquent leurs pensées[3] l'un à l'autre en chantant.* Voici le sujet de la scène. Un berger était attentif aux beautés d'un spectacle qui ne faisait que de commencer, lorsqu'il fut tiré de son attention 195 par un bruit qu'il entendit à ses côtés. Il se retourne et voit un brutal qui, de paroles insolentes, maltraitait une bergère. D'abord il prend les intérêts d'un sexe à qui tous les hommes doivent hommage ; et, après avoir donné au brutal le châtiment de son insolence, il vient à la bergère et voit une jeune 200 personne qui, des deux plus beaux yeux qu'il eût jamais vus, versait des larmes, qu'il trouva les plus belles du monde. « Hélas ! dit-il en lui-même, est-on capable d'outrager une personne si aimable. Et quel humain, quel barbare, ne serait touché par de telles larmes ? » Il prend soin de les arrêter, 205 ces larmes, qu'il trouve si belles ; et l'aimable bergère prend soin en même temps de le remercier de son léger service, mais d'une manière si charmante, si tendre et si passionnée, que le berger n'y peut résister, et chaque mot, chaque regard, est un trait plein de flamme dont son cœur se sent pénétré. 210 « Est-il, disait-il, quelque chose qui puisse mériter les aimables paroles d'un tel remerciement ? Et que ne voudrait-on pas faire, à quels services, à quels dangers ne serait-on pas ravi de courir, pour s'attirer un seul moment des touchantes douceurs d'une âme si reconnaissante ? » Tout le spectacle

---

1. *Des manières de :* des sortes de.
2. *Tels que :* tels que ceux que.
3. *Ils s'appliquent leurs pensées :* ils se disent leurs pensées.

215 passe sans qu'il y donne aucune attention ; mais il se plaint
qu'il est trop court, parce qu'en finissant il le sépare de son
adorable bergère ; et, de cette première vue, de ce premier
moment, il emporte chez lui tout ce qu'un amour de plusieurs
années peut avoir de plus violent. Le voilà aussitôt à sentir
220 tous les maux de l'absence, et il est tourmenté de ne plus
voir ce qu'il a si peu vu. Il fait tout ce qu'il peut pour se
redonner cette vue[1], dont il conserve nuit et jour une si chère
idée ; mais la grande contrainte[2] où l'on tient sa bergère lui
en ôte tous les moyens. La violence de sa passion le fait
225 résoudre à demander en mariage l'adorable beauté sans laquelle
il ne peut plus vivre, et il en obtient d'elle la permission par
un billet qu'il a l'adresse de lui faire tenir. Mais dans le même
temps on l'avertit que le père de cette belle a conclu son
mariage avec un autre, et que tout se dispose pour en célébrer
230 la cérémonie. Jugez quelle atteinte cruelle au cœur de ce triste
berger ! Le voilà accablé d'une mortelle douleur. Il ne peut
souffrir l'effroyable idée de voir tout ce qu'il aime entre les
bras d'un autre, et son amour au désespoir lui fait trouver
moyen de s'introduire dans la maison de sa bergère pour
235 apprendre ses sentiments et savoir d'elle la destinée à laquelle
il doit se résoudre. Il y rencontre les apprêts[3] de tout ce qu'il
craint ; il y voit venir l'indigne rival que le caprice[4] d'un père
oppose aux tendresses de son amour. Il le voit triomphant,
ce rival ridicule, auprès de l'aimable bergère, ainsi qu'auprès[5]
240 d'une conquête qui lui est assurée, et cette vue le remplit
d'une colère dont il a peine à se rendre maître. Il jette de

---

1. *Se redonner cette vue :* pouvoir revoir la bergère.
2. *Contrainte :* surveillance excessive.
3. *Les apprêts :* les préparatifs.
4. *Caprice :* volonté non réfléchie.
5. *Ainsi qu'auprès :* comme il le ferait auprès.

douloureux regards sur celle qu'il adore, et son respect et la
présence de son père l'empêchent de lui rien dire que des
yeux[1]. Mais enfin il force toute contrainte, et le transport de
245 son amour[2] l'oblige à lui parler ainsi :

(Il chante.)

Belle Philis, c'est trop, c'est trop souffrir ;
Rompons ce dur silence, et m'ouvrez vos pensées.
    Apprenez-moi ma destinée :
    Faut-il vivre ? faut-il mourir ?

ANGÉLIQUE, *répond en chantant.*

250 Vous me voyez, Tircis, triste et mélancolique
Aux apprêts de l'hymen[3] dont vous vous alarmez :
Je lève au ciel les yeux, je vous regarde, je soupire,
    C'est vous en dire assez.

ARGAN.

    Ouais, je ne croyais pas que ma fille fût si habile que
255 de chanter[4] ainsi à livre ouvert sans hésiter.

CLÉANTE

    Hélas ! belle Philis,
    Se pourrait-il que l'amoureux Tircis
    Eût assez de bonheur
    Pour avoir quelque place dans votre cœur ?

ANGÉLIQUE

260 Je ne m'en défends point dans cette peine extrême :
    Oui, Tircis, je vous aime.

CLÉANTE

    Ô parole pleine d'appas[5] !

---

1. *Que des yeux* : qu'avec ses yeux.
2. *Le transport de son amour* : sa passion.
3. *Aux apprêts de l'hymen* : devant les préparatifs de mariage.
4. *Si habile que de chanter* : habile au point de chanter...
5. *Appas* : promesse.

Ai-je bien entendu, hélas !
Redites-la, Philis, que je n'en doute pas.

ANGÉLIQUE

265 Oui, Tircis, je vous aime.

CLÉANTE

De grâce, encor, Philis.

ANGÉLIQUE

Je vous aime.

CLÉANTE

Recommencez cent fois, ne vous en lassez pas.

ANGÉLIQUE

Je vous aime, je vous aime ;
270 Oui, Tircis, je vous aime.

CLÉANTE

Dieux, rois, qui sous vos pieds regardez tout le monde,
Pouvez-vous comparer votre bonheur au mien ?
Mais, Philis, une pensée
Vient troubler ce doux transport
275 Un rival, un rival...

ANGÉLIQUE

Ah ! je le hais plus que la mort,
Et sa présence, ainsi qu'à vous,
M'est un cruel supplice.

CLÉANTE

Mais un père[1] à ses vœux vous veut assujettir[2].

ANGÉLIQUE

280 Plutôt, plutôt mourir
Que de jamais y consentir ;
Plutôt, plutôt mourir, plutôt mourir !

---

1. *Un père :* votre père.
2. *Vous assujettir :* vous soumettre.

ARGAN.   Et que dit le père à tout cela ?

CLÉANTE.   Il ne dit rien.

285   ARGAN.   Voilà un sot père que ce père-là de souffrir[1] toutes ces sottises-là sans rien dire !

CLÉANTE

Ah ! mon amour...

ARGAN.   Non, non, en voilà assez. Cette comédie-là est de fort mauvais exemple. Le berger Tircis est un impertinent, 290   et la bergère Philis, une impudente[2] de parler de la sorte devant son père. Montrez-moi ce papier. Ah ! ah ! Où sont donc les paroles que vous avez dites ? Il n'y a là que de la musique écrite.

CLÉANTE.   Est-ce que vous ne savez pas, monsieur, qu'on 295   a trouvé depuis peu l'invention[3] d'écrire les paroles avec les notes mêmes ?

ARGAN.   Fort bien. Je suis votre serviteur[4], monsieur ; jusqu'au revoir. Nous nous serions bien passés de votre impertinent d'opéra.

300   CLÉANTE.   J'ai cru vous divertir.

ARGAN.   Les sottises ne divertissent point. Ah ! voici ma femme.

---

1. *Souffrir* : supporter.
2. *Impudente* : insolente.
3. *On a trouvé depuis peu l'invention* : on a découvert depuis peu.
4. *Je suis votre serviteur* : formule de politesse ici prononcée très sèchement, avec la valeur d'un renvoi.

Acte II, scène 5

On peut diviser cette scène en trois moments. Lesquels ? Donnez-leur à chacun un titre.

Premier moment

1. Comparez les deux compliments, celui d'Argan et celui de M. Diafoirus. Quelle est, pour chacun, l'idée principale ?

2. Relevez les mots ou les expressions qui doivent particulièrement plaire à Argan dans le compliment de M. Diafoirus. A-t-il pu cependant les apprécier ? Pourquoi ?

Deuxième moment

3. Faites le portrait de Thomas en ne vous intéressant qu'à ses propos. Justifiez en citant le texte.

4. Faites le portrait de Thomas du point de vue de son père. Quelles sont les qualités de Thomas que M. Diafoirus cherche à mettre en valeur ? Fait-il pour autant de son fils un portrait flatteur ? Pourquoi ?

5. Outre le fait qu'Angélique aime Cléante, que peut-elle reprocher à Thomas ?

6. M. Diafoirus ne veut pas d'une « charge de médecin à la cour » pour son fils, et préfère « rester au public ». Quels sont ses arguments ?

Troisième moment

7. À votre avis, pourquoi Cléante est-il si empressé d'obéir à Argan et de faire chanter Angélique ?

8. Cléante introduit longuement son « petit opéra ». Pourquoi ?

   a. Qu'est-ce qui permet de comprendre qu'il résume ainsi sa rencontre avec Angélique ?

   b. Quels sont les moments de cette rencontre déjà connus du spectateur ? Justifiez en citant une ou deux répliques des scènes précédentes.

9. Qu'est-ce que Cléante et Angélique arrivent à se dire en chantant ?

10. Imaginez le comportement des personnages présents durant le « petit opéra » : Toinette, Thomas et M. Diafoirus, Argan... Pourquoi, à votre avis, ce dernier se met-il en colère et interrompt-il le chant ?

SCÈNE 6. BÉLINE, ARGAN, TOINETTE, ANGÉLIQUE, MONSIEUR DIAFOIRUS, THOMAS DIAFOIRUS.

ARGAN. M'amour, voilà le fils de monsieur Diafoirus.

THOMAS DIAFOIRUS *commence un compliment qu'il avait étudié, et la mémoire lui manquant, il ne peut continuer.* Madame, c'est avec justice que le ciel vous a concédé[1] le nom de belle-mère,
5 puisque l'on voit sur votre visage...

BÉLINE. Monsieur, je suis ravie d'être venue ici à propos[2] pour avoir l'honneur de vous voir.

THOMAS DIAFOIRUS. Puisque l'on voit sur votre visage... puisque l'on voit sur votre visage... Madame, vous m'avez
10 interrompu dans le milieu de ma période[3], et cela m'a troublé la mémoire.

MONSIEUR DIAFOIRUS. Thomas, réservez cela pour une autre fois.

ARGAN. Je voudrais, mamie, que vous eussiez été ici tantôt[4].

15 TOINETTE. Ah ! madame, vous avez bien perdu de n'avoir point été au[5] second père, à la statue de Memnon et à la fleur nommée héliotrope.

ARGAN. Allons, ma fille, touchez dans la main[6] de monsieur et lui donnez votre foi comme à votre mari[7].

---

1. *Concédé* : donné.
2. *À propos* : au bon moment.
3. *Période* : longue phrase complexe, qui se veut persuasive.
4. *Tantôt* : il y a un instant.
5. *N'avoir point été au* : n'avoir pas été là au moment où Thomas parlait de.
6. *Toucher dans la main* : donner la main en signe d'engagement.
7. *Lui donnez votre foi comme à votre mari* : faites-lui la promesse qu'il sera votre mari.

20 ANGÉLIQUE. Mon père !

ARGAN. Hé bien, mon père ! qu'est-ce que cela veut dire ?

ANGÉLIQUE. De grâce, ne précipitez pas les choses. Donnez-nous au moins le temps de nous connaître et de voir naître en nous l'un pour l'autre cette inclination si nécessaire à
25 composer une union parfaite.

THOMAS DIAFOIRUS. Quant à moi, mademoiselle, elle est déjà toute née en moi, et je n'ai pas besoin d'attendre davantage.

ANGÉLIQUE. Si vous êtes si prompt, monsieur, il n'en est pas de même de moi, et je vous avoue que votre mérite n'a pas
30 encore fait assez d'impression dans mon âme.

ARGAN. Oh ! bien, bien ; cela aura tout le loisir de se faire quand vous serez mariés ensemble.

ANGÉLIQUE. Hé ! mon père, donnez-moi du temps, je vous prie. Le mariage est une chaîne où[1] l'on ne doit jamais
35 soumettre un cœur par force ; et, si monsieur est honnête homme, il ne doit point vouloir accepter une personne qui serait à lui par contrainte.

THOMAS DIAFOIRUS. *Nego consequentiam*[2], mademoiselle, et je puis être honnête homme et vouloir bien vous accepter des
40 mains de monsieur votre père.

ANGÉLIQUE. C'est un méchant[3] moyen de se faire aimer de quelqu'un que de lui faire violence.

THOMAS DIAFOIRUS. Nous lisons des anciens, mademoiselle, que leur coutume était d'enlever par force de la maison des
45 pères les filles qu'on menait marier, afin qu'il ne semblât pas

---

1. *Où :* à laquelle.
2. *Nego consequentiam* (latin) : je repousse la conséquence de votre hypothèse. On utilisait cette tournure dans les disputes d'école, en général lors de soutenance de thèse.
3. *Méchant :* qui ne vaut rien.

que ce fût de leur consentement qu'elles convolaient[1] dans les bras d'un homme.

ANGÉLIQUE.   Les anciens, monsieur, sont les anciens, et nous sommes les gens de maintenant. Les grimaces ne sont point
50 nécessaires dans notre siècle, et, quand un mariage nous plaît, nous savons fort bien y aller sans qu'on nous y traîne. Donnez-vous patience[2] ; si vous m'aimez, monsieur, vous devez vouloir tout ce que je veux.

THOMAS DIAFOIRUS.   Oui, mademoiselle, jusqu'aux intérêts de
55 mon amour exclusivement.

ANGÉLIQUE.   Mais la grande marque d'amour, c'est d'être soumis aux volontés de celle qu'on aime.

THOMAS DIAFOIRUS.   *Distinguo*[3], mademoiselle : dans ce qui ne regarde point sa possession, *concedo*[3] ; mais dans ce qui la
60 regarde, *nego*[3].

TOINETTE.   Vous avez beau raisonner. Monsieur est frais émoulu[4] du collège, et il vous donnera toujours votre reste[5]. Pourquoi tant résister et refuser la gloire d'être attachée au corps de la Faculté ?

65 BÉLINE.   Elle a peut-être quelque inclination en tête.

ANGÉLIQUE.   Si j'en avais, madame, elle serait telle que la raison et l'honnêteté pourraient me la permettre.

ARGAN.   Ouais ! je joue ici un plaisant personnage.

BÉLINE.   Si j'étais que de vous[6], mon fils, je ne la forcerais
70 point à se marier, et je sais bien ce que je ferais.

---

1. *Convolaient* : se mariaient.
2. *Donnez-vous patience* : prenez patience.
3. *Distinguo — concedo — nego* (latin) : je distingue — j'accorde — je n'accorde pas. Termes d'argumentation.
4. *Frais émoulu* : récemment sorti.
5. *Il vous donnera toujours votre reste* : il l'emportera toujours.
6. *Si j'étais que de vous* : si j'étais à votre place.

ANGÉLIQUE.   Je sais, madame, ce que vous voulez dire, et les bontés que vous avez pour moi ; mais peut-être que vos conseils ne seront pas assez heureux pour être exécutés.

BÉLINE.   C'est que les filles bien sages et bien honnêtes
75 comme vous se moquent d'être obéissantes et soumises aux volontés de leurs pères. Cela était bon autrefois.

ANGÉLIQUE.   Le devoir d'une fille a des bornes, madame, et la raison et les lois ne l'étendent point à toutes sortes de choses.

80 BÉLINE.   C'est-à-dire que vos pensées ne sont que pour le mariage ; mais vous voulez choisir un époux à votre fantaisie[1].

ANGÉLIQUE.   Si mon père ne veut pas me donner un mari qui me plaise, je le conjurerai au moins de ne me point forcer à en épouser un que je ne puisse aimer.

85 ARGAN.   Messieurs, je vous demande pardon de tout ceci.

ANGÉLIQUE.   Chacun a son but en se mariant. Pour moi, qui ne veux un mari que pour l'aimer véritablement, et qui prétends en faire tout l'attachement de ma vie, je vous avoue que j'y cherche quelque précaution[2]. Il y en a d'autres qui
90 prennent des maris seulement pour se tirer de la contrainte[3] de leurs parents et se mettre en état de faire tout ce qu'elles voudront. Il y en a d'autres, madame, qui font du mariage un commerce de pur intérêt ; qui ne se marient que pour gagner des douaires[4], que pour s'enrichir par la mort de ceux
95 qu'elles épousent, et courent sans scrupule de mari en mari pour s'approprier leurs dépouilles. Ces personnes-là, à la vérité,

---

1. *À votre fantaisie :* à votre goût.
2. *Précaution :* garantie.
3. *Contrainte :* surveillance.
4. *Douaires :* biens qui reviennent à l'épouse après la mort du mari.

n'y cherchent pas tant de façons[1] et regardent peu à la personne.

BÉLINE. Je vous trouve aujourd'hui bien raisonnante, et je
100 voudrais bien savoir ce que vous voulez dire par là.

ANGÉLIQUE. Moi, madame, que voudrais-je dire que ce que je dis ?

BÉLINE. Vous êtes si sotte, ma mie, qu'on ne saurait plus vous souffrir[2].

105 ANGÉLIQUE. Vous voudriez bien, madame, m'obliger à vous répondre quelque impertinence, mais je vous avertis que vous n'aurez pas cet avantage.

BÉLINE. Il n'est rien d'égal à votre insolence.

ANGÉLIQUE. Non, madame, vous avez beau dire.

110 BÉLINE. Et vous avez un ridicule orgueil, une impertinente présomption[3] qui fait hausser les épaules à tout le monde.

ANGÉLIQUE. Tout cela, madame, ne servira de rien, je serai sage en dépit de vous ; et, pour vous ôter l'espérance de pouvoir réussir dans ce que vous voulez, je vais m'ôter de
115 votre vue.

ARGAN. Écoute, il n'y a point de milieu à cela[4]. Choisis d'épouser dans quatre jours ou monsieur ou un couvent. (À Béline.) Ne vous mettez pas en peine, je la rangerai[5] bien.

BÉLINE. Je suis fâchée de vous quitter, mon fils ; mais j'ai

---

1. *N'y cherchent pas tant de façons* : ne font pas tant de manières.
2. *Souffrir* : supporter.
3. *Présomption* : opinion trop avantageuse qu'on a de soi-même.
4. *Il n'y a point de milieu à cela* : il faut choisir entre l'un ou l'autre parti.
5. *Ranger* : mettre dans les rangs, soumettre.

120 une affaire en ville dont je ne puis me dispenser. Je reviendrai
bientôt.

ARGAN. Allez, m'amour, et passez chez votre notaire, afin
qu'il expédie[1] ce que vous savez.

BÉLINE. Adieu, mon petit ami.

125 ARGAN. Adieu, mamie. Voilà une femme qui m'aime... cela
n'est pas croyable.

MONSIEUR DIAFOIRUS. Nous allons, monsieur, prendre congé
de vous.

ARGAN. Je vous prie, monsieur, de me dire un peu comment
130 je suis.

MONSIEUR DIAFOIRUS, *lui tâte le pouls.* — Allons, Thomas,
prenez l'autre bras de monsieur, pour voir si vous saurez
porter un bon jugement de[2] son pouls. *Quid dicis[3] ?*

THOMAS DIAFOIRUS. *Dico[4]* que le pouls de monsieur est le
135 pouls d'un homme qui ne se porte point bien.

MONSIEUR DIAFOIRUS. Bon.

THOMAS DIAFOIRUS. Qu'il est duriuscule[5], pour ne pas dire
dur.

MONSIEUR DIAFOIRUS. Fort bien.

140 THOMAS DIAFOIRUS. Repoussant[6].

MONSIEUR DIAFOIRUS. *Bene[7].*

THOMAS DIAFOIRUS. Et même un peu caprisant[8].

---

1. *Expédier :* achever.
2. *De :* sur.
3. *Quid dicis* (latin) : que dis-tu ?
4. *Dico* (latin) : je dis.
5. *Duriuscule :* un peu dur (diminutif inventé, avec suffixe latin).
6. *Repoussant :* qui repousse le doigt qui le tâte.
7. *Bene* (latin) : bien.
8. *Caprisant :* irrégulier.

MONSIEUR DIAFOIRUS.   *Optime*[1].

THOMAS DIAFOIRUS.   Ce qui marque une intempérie[2] dans le
145 parenchyme splénique[3], c'est-à-dire la rate.

MONSIEUR DIAFOIRUS.   Fort bien.

ARGAN.   Non ; monsieur Purgon dit que c'est mon foie qui
est malade.

MONSIEUR DIAFOIRUS.   Eh ! oui ; qui dit parenchyme dit l'un
150 et l'autre, à cause de l'étroite sympathie[4], qu'ils ont ensemble,
par le moyen du *vas breve*[5], du *pylore*[6], et souvent des *méats
cholidoques*[7]. Il vous ordonne[8] sans doute de manger force[9]
rôti.

ARGAN.   Non, rien que du bouilli.

MONSIEUR DIAFOIRUS.   Eh ! oui ; rôti, bouilli, même chose. Il
155 vous ordonne fort prudemment, et vous ne pouvez être en
de meilleures mains.

ARGAN.   Monsieur, combien est-ce qu'il faut mettre de grains
de sel dans un œuf ?

MONSIEUR DIAFOIRUS.   Six, huit, dix, par les nombres pairs,
160 comme dans les médicaments par les nombres impairs.

ARGAN.   Jusqu'au revoir, monsieur.

---

1. *Optime :* en latin : très bien.
2. *Intempérie :* déséquilibre, dérèglement.
3. *Parenchyme splénique :* tissus de la rate.
4. *Sympathie :* rapport.
5. *Vas breve :* canal bilaire.
6. *Pylore :* extrémité de l'estomac.
7. *Méats cholidoques :* ouvertures et conduits qui recueillent la bile
   (on dit aujourd'hui « cholédoques »).
8. *Ordonner :* prescrire par ordonnance.
9. *Force :* beaucoup de.

SCÈNE 7. BÉLINE, ARGAN.

BÉLINE.   Je viens, mon fils, avant de sortir, vous donner avis[1]
d'une chose à laquelle il faut que vous preniez garde. En
passant par devant la chambre d'Angélique, j'ai vu un jeune
homme avec elle, qui s'est sauvé d'abord qu'il[2] m'a vue.

5 ARGAN.   Un jeune homme avec ma fille !

BÉLINE.   Oui. Votre petite fille Louison était avec eux, qui
pourra vous en dire des nouvelles.

ARGAN.   Envoyez-la ici, m'amour, envoyez-la ici. Ah ! l'effrontée ! Je ne m'étonne plus de sa résistance.

---

1. *Vous donner avis :* vous avertir.
2. *D'abord que :* dès que.

Acte II, scènes 6 et 7

COMPRÉHENSION

1. Quel reproche Angélique fait-elle à Thomas en disant (sc. 6) :
« Si monsieur est honnête homme... » ?
2. Pourquoi Argan demande-t-il la consultation (sc. 6) ? Par
quel moyen les Diafoirus arrivent-ils à le satisfaire ? Pourquoi
sont-ils convaincants pour Argan ?
3. Qu'est-ce qui prouve que Béline ne ment pas, et que Cléante
et Angélique se sont effectivement retrouvés (sc. 7) ? Justifiez.

ÉVOLUTION DE L'ACTION

4. Analysez le comportement d'Angélique. Comment essaie-t-
elle d'échapper au mariage ? À qui s'adresse-t-elle tour à tour,
et dans quels termes (sc. 6) ? Comment tente-t-elle de détourner
Thomas du mariage ? Pourquoi ne peut-elle y arriver ?
5. Comment réagit Thomas devant l'attaque d'Angélique (sc. 6) ?
Quel aspect de son caractère découvre-t-on ici ? Apparaît-il
toujours aussi ridicule ?
6. Quel est le but de Béline lorsqu'elle intervient (sc. 6) ? Sort-
elle triomphante de sa discussion avec Angélique ? Comment
Angélique s'y prend-elle pour démonter sa belle-mère ? Béline
n'est cependant pas perdante. Pourquoi ? Quel est son but dans
la scène 7 ?
7. Durant toute la dispute, quels sont les sentiments d'Argan ?
Prend-il parti pour l'une ou l'autre des deux femmes ? Pourquoi ?
8. Ne paraît-il pas surprenant que les Diafoirus n'aient pas quitté
les lieux dès le début de la dispute entre Angélique et Béline ?
Qu'attendent-ils ou que craignent-ils à votre avis ? Pourquoi ne
manifestent-ils aucune gêne ?
9. Quel est l'intérêt dramatique de la scène 7, son importance
par rapport à l'ensemble de la pièce ?

LE COMIQUE

10. À quel moment la scène 6 fait-elle rire ? Pourquoi ?
11. Imaginez la mise en scène de la consultation (sc. 6), en
insistant sur les aspects comiques. Vous indiquerez quels registres
du comique vous avez mis en valeur à chaque fois.

SCÈNE 8. LOUISON, ARGAN.

LOUISON. Qu'est-ce que vous voulez, mon papa ? Ma belle-maman m'a dit que vous me demandez.

ARGAN. Oui. Venez çà[1]. Avancez là. Tournez-vous. Levez les yeux. Regardez-moi. Eh !

5 LOUISON. Quoi, mon papa ?

ARGAN. Là ?

LOUISON. Quoi ?

ARGAN. N'avez-vous rien à me dire ?

LOUISON. Je vous dirai, si vous voulez, pour vous
10 désennuyer[2], le conte de *Peau d'âne* ou bien la fable du *Corbeau et du Renard*, qu'on m'a appris depuis peu.

ARGAN. Ce n'est pas là ce que je vous demande.

LOUISON. Quoi donc ?

ARGAN. Ah ! rusée, vous savez bien ce que je veux dire.

15 LOUISON. Pardonnez-moi, mon papa.

ARGAN. Est-ce là comme vous m'obéissez ?

LOUISON. Quoi ?

ARGAN. Ne vous ai-je pas recommandé de me venir dire d'abord[3] tout ce que vous voyez ?

20 LOUISON. Oui, mon papa.

ARGAN. L'avez-vous fait ?

LOUISON. Oui, mon papa. Je vous suis venue dire tout ce que j'ai vu.

---

1. *Venez-çà :* venez ici.
2. *Désennuyer :* chasser l'ennui.
3. *D'abord :* immédiatement.

Argan (Michel Bouquet) et Louison (Vanessa Zaoui)
dans une mise en scène de Pierre Boutron.
Théâtre de l'Atelier, en 1987.

ARGAN.   Et n'avez-vous rien vu aujourd'hui ?

25 LOUISON.   Non, mon papa.

ARGAN.   Non ?

LOUISON.   Non, mon papa.

ARGAN.   Assurément ?

LOUISON.   Assurément.

30 ARGAN.   Oh ! çà, je m'en vais vous faire voir quelque chose, moi.

(Il va prendre une poignée de verges[1].)

LOUISON.   Ah ! mon papa !

ARGAN.   Ah ! ah ! petite masque[2], vous ne me dites pas que vous avez vu un homme dans la chambre de votre sœur ?

35 LOUISON.   Mon papa !

ARGAN.   Voici qui vous apprendra à mentir.

LOUISON *se jette à genoux.*   Ah ! mon papa, je vous demande pardon. C'est que ma sœur m'avait dit de ne pas vous le dire, et je m'en vais vous dire tout.

40 ARGAN.   Il faut premièrement que vous ayez le fouet pour avoir menti. Puis, après nous verrons au reste.

LOUISON.   Pardon, mon papa.

ARGAN.   Non, non.

LOUISON.   Mon pauvre papa, ne me donnez pas le fouet.

45 ARGAN.   Vous l'aurez.

LOUISON.   Au nom de Dieu, mon papa, que je ne l'aie pas.

ARGAN, *la prenant pour la fouetter.*   Allons, allons.

LOUISON.   Ah ! mon papa, vous m'avez blessée. Attendez, je suis morte.

---

1. *Verges :* baguettes servant à frapper.
2. *Masque :* effrontée (du bas latin *masca :* sorcière).

(Elle contrefait[1] la morte.)

50 ARGAN. Holà ! Qu'est-ce là ? Louison, Louison ! Ah ! mon Dieu ! Louison ! Ah ! ma fille ! Ah ! malheureux, ma pauvre fille est morte. Qu'ai-je fait, misérable ? Ah ! chiennes de verges ! La peste soit des verges ! Ah ! ma pauvre fille, ma pauvre petite Louison.

55 LOUISON. Là, là, mon papa, ne pleurez point tant ; je ne suis pas morte tout à fait.

ARGAN. Voyez-vous la petite rusée ! Oh ! çà, çà, je vous pardonne pour cette fois-ci, pourvu que vous me disiez bien tout.

60 LOUISON. Oh ! oui, mon papa.

ARGAN. Prenez-y bien garde au moins, car voilà un petit doigt, qui sait tout, qui me dira si vous mentez.

LOUISON. Mais, mon papa, ne dites pas à ma sœur que je vous l'ai dit.

65 ARGAN. Non, non.

LOUISON. C'est, mon papa, qu'il est venu un homme dans la chambre de ma sœur comme j'y étais.

ARGAN. Hé bien ?

LOUISON. Je lui ai demandé ce qu'il demandait, et il m'a dit 70 qu'il était son maître à chanter.

ARGAN. Hom hom ! Voilà l'affaire. Hé bien ?

LOUISON. Ma sœur est venue après.

ARGAN. Hé bien ?

LOUISON. Elle lui a dit : « Sortez, sortez, sortez ! Mon Dieu, 75 sortez, vous me mettez au désespoir. »

ARGAN. Hé bien ?

---

1. *Contrefait :* imite.

LOUISON.   Et lui, il ne voulait pas sortir.

ARGAN.   Qu'est-ce qu'il lui disait ?

LOUISON.   Il lui disait je ne sais combien de choses.

80 ARGAN.   Et quoi encore ?

LOUISON.   Il lui disait tout ci, tout çà[1], qu'il l'aimait bien, et qu'elle était la plus belle du monde.

ARGAN.   Et puis après ?

LOUISON.   Et puis après il se mettait à genoux devant elle.

85 ARGAN.   Et puis après ?

LOUISON.   Et puis après, il lui baisait les mains.

ARGAN.   Et puis après ?

LOUISON.   Et puis après, ma belle-maman est venue à la porte, et il s'est enfui.

90 ARGAN.   Il n'y a point autre chose ?

LOUISON.   Non, mon papa.

ARGAN.   Voilà mon petit doigt pourtant qui gronde quelque chose. (*Il met son doigt à son oreille*). Attendez. Eh ! Ah ! ah ! Oui ? Oh ! oh ! voilà mon petit doigt qui me dit quelque

95 chose que vous avez vu, et que vous ne m'avez pas dit.

LOUISON.   Ah ! mon papa, votre petit doigt est un menteur.

ARGAN.   Prenez garde.

LOUISON.   Non, mon papa, ne le croyez pas ; il ment, je vous assure.

100 ARGAN.   Oh bien, bien, nous verrons cela. Allez-vous-en, et prenez bien garde à tout ; allez. Ah ! il n'y a plus d'enfants. Ah ! que d'affaires ! je n'ai pas seulement le loisir de songer à ma maladie. En vérité, je n'en puis plus.

(*Il se remet dans sa chaise.*)

---

1. *Tout ci, tout ça :* ceci, cela, c'est-à-dire beaucoup de choses.

SCÈNE 9. BÉRALDE, ARGAN.

BÉRALDE.   Hé bien, mon frère, qu'est-ce ? Comment vous portez-vous ?

ARGAN.   Ah ! mon frère, fort mal.

BÉRALDE.   Comment, fort mal ?

5   ARGAN.   Oui, je suis dans une faiblesse si grande que cela n'est pas croyable.

BÉRALDE.   Voilà qui est fâcheux[1].

ARGAN.   Je n'ai pas seulement la force de pouvoir parler.

BÉRALDE.   J'étais venu ici, mon frère, vous proposer un parti[2]
10   pour ma nièce Angélique.

ARGAN, *parlant avec emportement et se levant de sa chaise.*   Mon frère, ne me parlez point de cette coquine-là. C'est une friponne, une impertinente, une effrontée, que je mettrai dans un couvent avant qu'il soit deux jours[3].

BÉRALDE.   Ah ! voilà qui est bien. Je suis bien aise que la
15   force vous revienne un peu et que ma visite vous fasse du bien. Oh çà, nous parlerons d'affaires tantôt[4]. Je vous amène ici un divertissement que j'ai rencontré, qui dissipera votre chagrin et vous rendra l'âme mieux disposée aux choses que nous avons à dire. Ce sont des Égyptiens[5] vêtus en Mores[6]
20   qui font des danses mêlées de chansons où je suis sûr que vous prendrez plaisir, et cela vaudra bien une ordonnance de monsieur Purgon. Allons.

---

1. *Fâcheux* : pénible, désagréable.
2. *Un parti* : un mari.
3. *Avant qu'il soit deux jours* : d'ici deux jours.
4. *Tantôt* : tout à l'heure.
5. *Égyptiens* : au XVIIᵉ siècle, on appelait Égyptiens les bohémiens qui proposaient des divertissements (cf. l'anglais « gipsies »).
6. *Mores* : habitants du nord de l'Afrique.

Deuxième intermède

Le frère du Malade imaginaire lui amène, pour le divertir, plusieurs Égyptiens et Égyptiennes vêtus en Mores, qui font des danses entremêlées de chansons.

PREMIÈRE FEMME MORE

Profitez du printemps
De vos beaux ans,
Aimable[1] jeunesse ;
Profitez du printemps
De vos beaux ans,
Donnez-vous à la tendresse.

Les plaisirs les plus charmants,
Sans l'amoureuse flamme[2],
Pour contenter une âme
N'ont point d'attraits assez puissants.

Profitez du printemps
De vos beaux ans,
Aimable jeunesse ;
Profitez du printemps
De vos beaux ans,
Donnez-vous à la tendresse.

Ne perdez point ces précieux moments ;
La beauté passe,
Le temps l'efface,

---

1. *Aimable :* qui mérite d'être aimée.
2. *L'amoureuse flamme :* la passion amoureuse.

20   L'âge de glace
        Vient à sa place,
Qui nous ôte le goût de ces doux passe-temps.

        Profitez du printemps
        De vos beaux ans,
25   Aimable jeunesse ;
        Profitez du printemps
        De vos beaux ans,
        Donnez-vous à la tendresse.

                SECONDE FEMME MORE
        Quand d'aimer on nous presse,
30   À quoi songez-vous ?
        Nos cœurs dans la jeunesse
        N'ont vers la tendresse
        Qu'un penchant trop doux.
        L'amour a, pour nous prendre,
35   De si doux attraits
        Que de soi[1], sans attendre,
        On voudrait se rendre
        À ses premiers traits[2],
        Mais tout ce qu'on écoute[3]
40   Des vives douleurs
        Et des pleurs qu'il nous coûte
        Fait qu'on en redoute
        Toutes les douceurs.

                TROISIÈME FEMME MORE
        Il est doux, à notre âge,

---

1. *De soi :* de soi-même, spontanément.
2. *Traits :* flèches. Allusion à Éros-Cupidon, dieu du Désir amoureux
dans la mythologie grecque et latine : on le représente comme un
jeune enfant, armé d'arc et de flèches.
3. *Tout ce qu'on écoute :* tout ce qu'on entend dire.

45 D'aimer tendrement
Un amant
Qui s'engage ;
Mais, s'il est volage[1],
Hélas ! quel tourment !

QUATRIÈME FEMME MORE

50 L'amant qui se dégage[2]
N'est pas le malheur ;
La douleur
Et la rage,
C'est que le volage
55 Garde notre cœur.

SECONDE FEMME MORE

Quel parti faut-il prendre
Pour nos jeunes cœurs ?

QUATRIÈME FEMME MORE

Devons-nous nous y rendre
Malgré ses rigueurs ?

ENSEMBLE

60 Oui, suivons ses ardeurs,
Ses transports, ses caprices,
Ses douces langueurs ;
S'il a quelques supplices,
Il a cent délices
65 Qui charment les cœurs.

ENTRÉE DE BALLET

Tous les Mores dansent ensemble et font sauter des singes qu'ils ont amenés avec eux.

---

1. *Volage* : qui change facilement de sentiments amoureux, qui se détache vite.
2. *Qui se dégage* : qui rompt.

Acte II, scènes 8 et 9 et Deuxième Intermède

COMPRÉHENSION

1. La question que pose Louison en entrant sur scène (sc. 8) est-elle sincère ? Justifiez votre réponse.

2. À votre avis, pourquoi Louison se fait-elle tout d'abord tant prier pour raconter ce qu'elle a vu ?

3. Qu'est-ce qui peut paraître très actuel dans la scène 8 ?

4. En vous reportant à « l'Enquête sur J.-B. Poquelin », p. 4, dites ce qui peut avoir suggéré à l'auteur l'idée de la scène 8.

5. Pourquoi Argan menace-t-il de mettre Angélique au couvent (sc. 9) ? Quel est le sentiment qui domine en lui à ce moment ?

6. Pourquoi peut-on dire que le divertissement destiné à Argan dans l'Intermède est en quelque sorte un avertissement ou un conseil ?

LES RAPPORTS ENTRE LES PERSONNAGES

7. Comportement d'Argan. Quel nouvel aspect du père de famille découvre-t-on ici (sc. 8) ? Que pensez-vous de ses rapports avec Louison ? Croit-il vraiment qu'il a tué sa fille ? Justifiez. Comment, finalement, obtient-il les confidences de Louison ?

8. Louison fait-elle beaucoup de difficultés pour raconter ce qu'elle a vu (sc. 8) ? Est-ce seulement la peur qui la fait parler ? Croyez-vous qu'elle dit tout ce qu'elle sait ? En quoi peut-on dire qu'elle est objective ? Qu'elle est subjective ?

9. Quels semblent être les rapports de Louison avec Angélique ?

10. Que peut-on en conclure sur l'éducation de Louison, la fille cadette ? Quel rôle Argan lui réserve-t-il dans la maison ? Justifiez.

11. Pourquoi peut-on dire que Béralde apparaît au bon moment, et comme un personnage apaisant (sc. 9) ?

12. Quels rapports Béralde semble-t-il entretenir avec son frère (sc. 9) ?

LE COMIQUE ET LA MISE EN SCÈNE

13. La scène 8 est-elle indispensable dans la pièce ? À votre avis, pourquoi Molière a-t-il souhaité faire monter sur scène une enfant de huit ans ? Quelles difficultés a-t-il pu rencontrer ?

14. Comment pensez-vous que le public du xviiᵉ siècle a accueilli cette scène 8 ? Le public actuel peut-il avoir la même réaction ?

15. En quoi la scène 8 est-elle comique ? En quoi est-elle émouvante ?

Questions sur l'ensemble de l'Acte II

LES PERSONNAGES

1. Quels nouveaux personnages sont entrés en scène ? Étaient-ils parfaitement inconnus ? Quels sont les enjeux de ces nouveaux personnages ?
2. Dans chacune des scènes, qui prend la parole ? Qui parle le plus ? Comment chaque personnage parle-t-il ? Le langage est-il le seul moyen de communication ?
3. Y a-t-il plusieurs niveaux de communication ?
4. Les personnages se caractérisent-ils par l'utilisation d'un langage particulier ? de gestes ou d'attitudes particuliers ?

LE TEMPS, L'ESPACE ET LA MISE EN SCÈNE

5. Quelles sont les indications temporelles données par le texte et les didascalies ?
6. Dans la réalité, quelle serait la durée de chacune des scènes ? Correspond-elle au temps de présence des personnages sur scène ? Quels sont les événements qui font l'objet de récits ou simplement d'allusions de la part des personnages ?
7. Quelles sont les indications supplémentaires que l'on a sur les lieux dans le deuxième acte ?
8. Quels sont les lieux privilégiés pour chacune des scènes ?
9. Comment les personnages évoluent-ils dans l'espace ? Comment se placent-ils sur scène ?

LE COMIQUE

10. Analysez les différentes formes de comique que l'on rencontre tout au long de cet acte II. Vous présenterez votre réponse sous forme de plan détaillé illustré d'exemples.
11. Quels sont les procédés de farce dont Molière use volontiers dans l'acte II ? Argumentez et donnez des exemples.
12. Relevez les expressions montrant que Molière parodie le pédantisme des médecins et celles qui font allusion à leur ignorance.
13. Qu'y a-t-il de grotesque dans le personnage de Thomas Diafoirus ? et dans celui de son père ?
14. Analysez la façon dont Cléante et Thomas Diafoirus courtisent Angélique. Pourquoi Thomas fait-il rire ?

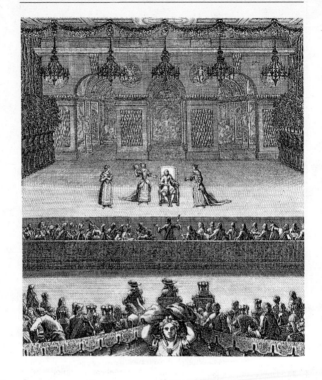

Représentation du *Malade imaginaire* en 1674
(un an après la mort de Molière) dans les jardins de Versailles.
Détail d'une gravure de Jean Lepautre (1676). B.N.
Au centre sur scène, Argan dans son fauteuil ;
parmi le public au 1ᵉʳ plan, Louis XIV vu de dos.

124

Acte III

SCÈNE PREMIÈRE. BÉRALDE, ARGAN, TOINETTE.

BÉRALDE.   Hé bien ! mon frère, qu'en dites-vous ? Cela ne vaut-il pas une prise[1] de casse[2] ?

TOINETTE.   Hom ! de bonne casse est bonne[3].

BÉRALDE.   Oh çà, voulez-vous que nous parlions un peu
5 ensemble ?

ARGAN.   Un peu de patience, mon frère, je vais revenir.

TOINETTE.   Tenez, monsieur, vous ne songez pas[4] que vous ne sauriez marcher sans bâton.

ARGAN.   Tu as raison.

SCÈNE 2.   BÉRALDE, TOINETTE.

TOINETTE.   N'abandonnez pas, s'il vous plaît, les intérêts de votre nièce.

BÉRALDE.   J'emploierai toutes choses pour lui obtenir ce qu'elle souhaite.

5 TOINETTE.   Il faut absolument empêcher ce mariage extravagant qu'il s'est mis dans la fantaisie[5], et j'avais songé en moi-

---

1. *Prise* : dose à prendre en une fois.
2. *Casse* : médicament purgatif.
3. *De bonne casse est bonne* : une prise de bonne casse est bonne.
4. *Vous ne songez pas* : vous ne pensez pas.
5. *Qu'il s'est mis dans la fantaisie* : qu'il s'est mis dans la tête.

même que ç'aurait été une bonne affaire de pouvoir introduire ici un médecin à notre poste[1] pour le dégoûter de son monsieur Purgon et lui décrier sa conduite[2]. Mais, comme
10 nous n'avons personne en main pour cela, j'ai résolu de jouer un tour de ma tête.

BÉRALDE.   Comment ?

TOINETTE.   C'est une imagination burlesque[3]. Cela sera peut-être plus heureux[4] que sage. Laissez-moi faire ; agissez de
15 votre côté. Voici notre homme.

SCÈNE 3. ARGAN, BÉRALDE.

BÉRALDE.   Vous voulez bien, mon frère, que je vous demande, avant toute chose, de ne vous point échauffer l'esprit[5] dans notre conversation.

ARGAN.   Voilà qui est fait.

5 BÉRALDE.   De répondre sans nulle aigreur[6] aux choses que je pourrai vous dire.

ARGAN.   Oui.

BÉRALDE.   Et de raisonner ensemble, sur les affaires dont nous avons à parler, avec un esprit détaché de toute passion[7].

10 ARGAN.   Mon Dieu, oui. Voilà bien du préambule[8].

BÉRALDE.   D'où vient, mon frère, qu'ayant le bien que vous

---

1. *À notre poste :* dont on puisse disposer à son gré.
2. *Décrier sa conduite :* attaquer sa réputation.
3. *Imagination burlesque :* invention comique.
4. *Heureux :* qui donne du plaisir.
5. *Ne vous point échauffer l'esprit :* ne pas vous mettre en colère.
6. *Sans nulle aigreur :* sans aucune fâcherie ni violence.
7. *Passion :* colère.
8. *Voilà bien du préambule :* quel long début de discours !

avez, et n'ayant d'enfants qu'une fille, car je ne compte pas la petite, d'où vient, dis-je, que vous parlez de la mettre dans un couvent ?

15 ARGAN.   D'où vient, mon frère, que je suis maître dans ma famille pour faire ce que bon me semble ?

BÉRALDE.   Votre femme ne manque pas de vous conseiller de vous défaire[1] ainsi de vos deux filles, et je ne doute point que, par un esprit de charité, elle ne fût ravie de les voir
20 toutes deux bonnes religieuses.

ARGAN.   Oh çà, nous y voici. Voilà d'abord[2] la pauvre femme en jeu[3]. C'est elle qui fait tout le mal, et tout le monde lui en veut.

BÉRALDE.   Non, mon frère ; laissons-la là : c'est une femme
25 qui a les meilleures intentions du monde pour votre famille, et qui est détachée de toute sorte d'intérêt ; qui a pour vous une tendresse merveilleuse, et qui montre pour vos enfants une affection et une bonté qui n'est pas concevable ; cela est certain. N'en parlons point, et revenons à votre fille. Sur
30 quelle pensée[4], mon frère, la voulez-vous donner en mariage au fils d'un médecin ?

ARGAN.   Sur la pensée, mon frère, de me donner un gendre tel qu'il me faut.

BÉRALDE.   Ce n'est point là, mon frère, le fait de[5] votre fille,
35 et il se présente un parti plus sortable[6] pour elle.

ARGAN.   Oui ; mais celui-ci, mon frère, est plus sortable pour moi.

---

1. *Vous défaire* : vous débarrasser.
2. *D'abord* : aussitôt.
3. *En jeu* : compromise.
4. *Sur quelle pensée* : en vous fondant sur quoi ?
5. *Le fait de* : ce qui convient à.
6. *Plus sortable* : qui lui convient mieux, mieux assorti.

127

BÉRALDE.   Mais le mari qu'elle doit prendre doit-il être, mon frère, ou pour elle, ou pour vous ?

40 ARGAN.   Il doit être, mon frère, et pour elle et pour moi, et je veux mettre dans ma famille les gens dont j'ai besoin.

BÉRALDE.   Par cette raison-là, si votre petite était grande, vous lui donneriez en mariage un apothicaire.

ARGAN.   Pourquoi non ?

45 BÉRALDE.   Est-il possible que vous serez[1] toujours embéguiné de[2] vos apothicaires et de vos médecins, et que vous vouliez être malade en dépit des gens et de la nature ?

ARGAN.   Comment l'entendez-vous[3], mon frère ?

BÉRALDE.   J'entends, mon frère, que je ne vois point d'homme
50 qui soit moins malade que vous, et que je ne demanderais point une meilleure constitution que la vôtre. Une grande marque que vous vous portez bien, et que vous avez un corps parfaitement bien composé, c'est qu'avec tous les soins que vous avez pris, vous n'avez pu parvenir encore à gâter
55 la bonté de votre tempérament[4], et que vous n'êtes point crevé[5] de toutes les médecines qu'on vous a fait prendre.

ARGAN.   Mais savez-vous, mon frère, que c'est cela qui me conserve, et que monsieur Purgon dit que je succomberais s'il était seulement trois jours sans prendre soin de moi ?

60 BÉRALDE.   Si vous n'y prenez garde, il prendra tant de soin qu'il vous enverra en l'autre monde.

---

1. *Vous serez* : en français moderne : vous soyez.
2. *Embéguiné de* : n'ayant que cela en tête, obnubilé par, entiché de (béguin = petit bonnet).
3. *Comment l'entendez-vous* : que voulez-vous dire ?
4. *La bonté de votre tempérament* : le bon état de votre constitution physique.
5. *Crevé* : mort. Ce mot est tout à fait courant au XVIIᵉ siècle.

ARGAN.   Mais raisonnons un peu, mon frère. Vous ne croyez donc point à la médecine ?

BÉRALDE.   Non, mon frère, et je ne vois pas que pour son
65 salut il soit nécessaire d'y croire.

ARGAN.   Quoi ! vous ne tenez pas véritable une chose établie par tout le monde, et que tous les siècles ont révérée ?

BÉRALDE.   Bien loin de la tenir véritable, je la trouve, entre nous, une des plus grandes folies qui soit parmi les hommes,
70 et, à regarder les choses en philosophe, je ne vois point de plus plaisante momerie[1] ; je ne vois rien de plus ridicule qu'un homme qui se veut mêler d'en guérir un autre.

ARGAN.   Pourquoi ne voulez-vous pas, mon frère, qu'un homme en puisse guérir un autre ?

75 BÉRALDE.   Par la raison, mon frère, que les ressorts[2] de notre machine sont des mystères, jusques ici, où[3] les hommes ne voient goutte, et que la nature nous a mis au-devant des yeux des voiles trop épais pour y connaître quelque chose.

ARGAN.   Les médecins ne savent donc rien, à votre compte[4] ?

80 BÉRALDE.   Si fait, mon frère. Ils savent la plupart de fort belles humanités[5], savent parler en beau latin, savent nommer en grec toutes les maladies, les définir et les diviser[6], mais, pour ce qui est de les guérir, c'est ce qu'ils ne savent point du tout.

85 ARGAN.   Mais toujours faut-il demeurer d'accord que sur cette matière les médecins en savent plus que les autres.

---

1. *Momerie* : divertissement présenté par une troupe de personnes masquées, qui font danser et s'amuser. Au figuré : hypocrisie.
2. *Les ressorts* : ce qui donne la vie, le mouvement.
3. *Où* : auxquels.
4. *À votre compte* : d'après vous.
5. *Humanités* : formation générale de type classique.
6. *Diviser* : classer.

BÉRALDE.   Ils savent, mon frère, ce que je vous ai dit, qui ne
guérit pas de grand-chose, et toute l'excellence de leur art
consiste en un pompeux galimatias[1], en un spécieux[2] babil[3],
90 qui vous donne des mots pour des raisons et des promesses
pour des effets.

ARGAN.   Mais enfin, mon frère, il y a des gens aussi sages
et aussi habiles[4] que vous ; et nous voyons que dans la
maladie tout le monde a recours aux médecins.

95 BÉRALDE.   C'est une marque de la faiblesse humaine, et non
pas de la vérité de leur art.

ARGAN.   Mais il faut bien que les médecins croient leur art
véritable, puisqu'ils s'en servent pour eux-mêmes.

BÉRALDE.   C'est qu'il y en a parmi eux qui sont eux-mêmes
100 dans l'erreur populaire, dont ils profitent, et d'autres qui en
profitent sans y être. Votre monsieur Purgon, par exemple,
n'y sait point de finesse[5] ; c'est un homme tout médecin,
depuis la tête jusqu'aux pieds ; un homme qui croit à ses
règles plus qu'à toutes les démonstrations des mathématiques,
105 et qui croirait du crime à[6] les vouloir examiner ; qui ne voit
rien d'obscur dans la médecine, rien de douteux, rien de
difficile, et qui, avec une impétuosité de prévention[7], une
raideur de confiance, une brutalité de sens commun et de
raison[8], donne au travers[9] des purgations et des saignées, et

---

1. *Galimatias :* discours confus et prétentieux.
2. *Spécieux :* de belle apparence.
3. *Babil :* bavardage.
4. *Habiles :* compétents.
5. *N'y sait point de finesse :* ne raffine pas à ce point.
6. *Qui croirait du crime à :* qui croirait qu'il y a crime à.
7. *Impétuosité de prévention :* idées préconçues.
8. *Une brutalité ... raison :* un manque de finesse et de bon sens.
9. *Donne au travers :* se lance n'importe comment dans l'utilisation.

10 ne balance[1] aucune chose. Il ne lui faut point vouloir mal de tout ce qu'il pourra vous faire ; c'est de la meilleure foi du monde qu'il vous expédiera[2], et il ne fera, en vous tuant, que ce qu'il fait à sa femme et à ses enfants, et ce qu'en un besoin[3] il ferait à lui-même.

15 ARGAN.   C'est que vous avez, mon frère, une dent de lait contre lui[4]. Mais, enfin, venons au fait. Que faire donc quand on est malade ?

BÉRALDE.   Rien, mon frère.

ARGAN.   Rien ?

20 BÉRALDE.   Rien. Il ne faut que demeurer en repos. La nature, d'elle-même, quand nous la laissons faire, se tire doucement du désordre où elle est tombée. C'est notre inquiétude, c'est notre impatience qui gâte tout, et presque tous les hommes meurent de leurs remèdes, et non pas de leurs maladies.

25 ARGAN.   Mais il faut demeurer d'accord, mon frère, qu'on peut aider cette nature par de certaines choses.

BÉRALDE.   Mon Dieu, mon frère, ce sont pures idées dont nous aimons à nous repaître, et de tout temps il s'est glissé parmi les hommes de belles imaginations que nous venons à 30 croire, parce qu'elles nous flattent, et qu'il serait à souhaiter qu'elles fussent véritables. Lorsqu'un médecin vous parle d'aider, de secourir, de soulager la nature, de lui ôter ce qui lui nuit et lui donner ce qui lui manque, de la rétablir et de la remettre dans une pleine facilité de ses fonctions ; lorsqu'il

---

1. *Ne balance :* n'examine, n'hésite pas une seconde.
2. *Il vous expédiera :* il en finira avec vous, c'est-à-dire il vous fera mourir.
3. *En un besoin :* au besoin.
4. *Vous avez une dent de lait contre lui :* vous lui en voulez depuis longtemps.

135 vous parle de rectifier[1] le sang, de tempérer[2] les entrailles et
le cerveau, de dégonfler la rate, de raccommoder[3] la poitrine,
de réparer le foie, de fortifier le cœur, de rétablir et conserver
la chaleur naturelle, et d'avoir des secrets pour étendre la vie
à de longues années, il vous dit justement le roman de la
140 médecine. Mais, quand vous venez à la vérité et à l'expérience,
vous ne trouvez rien de tout cela, et il en est comme de ces
beaux songes qui ne vous laissent au réveil que le déplaisir
de les avoir crus.

ARGAN. C'est-à-dire que toute la science du monde est
145 renfermée dans votre tête, et vous voulez en savoir plus que
tous les grands médecins de notre siècle.

BÉRALDE. Dans les discours et dans les choses, ce sont deux
sortes de personnes que vos grands médecins : entendez-les
parler, les plus habiles du monde ; voyez-les faire, les plus
150 ignorants de tous les hommes.

ARGAN. Ouais ! Vous êtes un grand docteur[4], à ce que je
vois, et je voudrais bien qu'il y eût ici quelqu'un de ces
messieurs pour rembarrer[5] vos raisonnements et rabaisser votre
caquet[6].

155 BÉRALDE. Moi, mon frère, je ne prends point à tâche de
combattre la médecine, et chacun, à ses périls et fortune[7],
peut croire tout ce qu'il lui plaît. Ce que j'en dis n'est qu'entre
nous, et j'aurais souhaité de pouvoir un peu vous tirer de

---

1. *Rectifier :* purifier.
2. *Tempérer :* rafraîchir.
3. *Raccommoder :* remettre en ordre.
4. *Docteur :* titre qui désigne une personne à qui l'on reconnaît le pouvoir d'enseigner et de pratiquer une science. Ici : savant.
5. *Rembarrer :* rejeter.
6. *Rabaisser votre caquet :* vous faire baisser le ton.
7. *À ses périls et fortunes :* à ses risques et périls.

l'erreur où vous êtes, et, pour vous divertir, vous mener voir,
60 sur ce chapitre, quelqu'une des comédies de Molière.

ARGAN.   C'est un bon impertinent que votre Molière avec
ses comédies, et je le trouve bien plaisant[1] d'aller jouer[2]
d'honnêtes gens comme les médecins.

BÉRALDE.   Ce ne sont point les médecins qu'il joue, mais le
65 ridicule de la médecine.

ARGAN.   C'est bien à lui de se mêler de contrôler la médecine !
Voilà un bon nigaud, un bon impertinent, de se moquer des
consultations et des ordonnances, de s'attaquer au corps des
médecins, et d'aller mettre sur son théâtre des personnes
70 vénérables comme ces messieurs-là.

BÉRALDE.   Que voulez-vous qu'il y mette, que les diverses
professions des hommes ? On y met bien tous les jours les
princes et les rois, qui sont d'aussi bonne maison que les
médecins.

75 ARGAN.   Par la mort non de diable[3] ! si j'étais que[4] des
médecins, je me vengerais de son impertinence, et, quand il
sera malade, je le laisserais mourir sans secours. Il aurait beau
faire et beau dire, je ne lui ordonnerais[5] pas la moindre petite
saignée, le moindre petit lavement, et je lui dirais : « Crève[6],
80 crève, cela t'apprendra une autre fois à te jouer à[7] la Faculté. »

BÉRALDE.   Vous voilà bien en colère contre lui.

---

1. *Plaisant* : qui fait rire à ses dépens (emploi ironique).
2. *Jouer* : représenter sur une scène de théâtre.
3. *Par la mort non de diable !* : ce juron permet d'éviter le blasphème
en ne prononçant pas le nom de Dieu.
4. *Si j'étais que* : si j'étais à la place.
5. *Ne lui ordonnerais* : ne lui prescrirais pas par ordonnance.
6. *Crève* : meurt. Ce verbe fait partie du langage courant au
XVIIe siècle.
7. *Te jouer à* : t'attaquer à.

133

ARGAN. Oui, c'est un malavisé, et, si les médecins sont sages, ils feront ce que je dis.

BÉRALDE. Il sera encore plus sage que vos médecins, car il
185 ne leur demandera point de secours.

ARGAN. Tant pis pour lui, s'il n'a point recours aux remèdes.

BÉRALDE. Il a ses raisons pour n'en point vouloir, et il soutient que cela n'est permis qu'aux gens vigoureux et robustes et qui ont des forces de reste pour porter[1] les
190 remèdes avec la maladie ; mais que, pour lui, il n'a justement de la force que pour porter son mal.

ARGAN. Les sottes raisons que voilà ! Tenez, mon frère, ne parlons point de cet homme-là davantage, car cela m'échauffe la bile, et vous me donneriez mon mal[2].

195 BÉRALDE. Je le veux bien, mon frère, et, pour changer de discours je vous dirai que, sur une petite répugnance[3] que vous témoigne votre fille, vous ne devez point prendre les résolutions violentes de la mettre dans un couvent ; que, pour le choix d'un gendre, il ne vous faut pas suivre aveuglément
200 la passion[4] qui vous emporte, et qu'on doit, sur cette matière, s'accommoder[5] un peu à l'inclination d'une fille, puisque c'est pour toute la vie, et que de là dépend tout le bonheur d'un mariage.

---

1. *Porter* : supporter.
2. *Vous me donneriez mon mal* : vous me rendriez malade.
3. *Répugnance* : résistance.
4. *La passion* : la passion de la maladie, la manie.
5. *S'accommoder* : se conformer à.

Acte III, scènes 1, 2 et 3

COMPRÉHENSION

1. Toinette entre en jeu (sc. 2) et rend Béralde complice de son stratagème. Que peut-on penser de ses rapports avec Béralde ? Béralde est-il ou non un habitué de la maison ?

2. Toinette a-t-elle parfaitement défini ce qu'elle allait faire pour confondre Argan ? Pourquoi Béralde, mais aussi les spectateurs, lui font-ils confiance (sc. 2) ?

3. À quoi voit-on que Béralde connaît bien son frère (sc. 3) ?

4. Pourquoi Béralde met-il tant de soin à introduire sa demande (sc. 3) ?

ÉVOLUTION DE L'ACTION

5. De la même façon, et pour les mêmes raisons qu'à l'acte I, scène 3, Argan sort (sc. 1). Quel est l'intérêt dramatique de cette sortie ?

6. Quel était le but de Béralde en venant voir Argan ? Avait-il l'intention d'avoir une discussion avec Argan au sujet de la médecine ? Justifiez votre réponse.

7. À la fin de la conversation, Béralde a-t-il convaincu Argan ? Sur quels points : ne pas mettre Angélique au couvent ? lui donner un autre mari ? ne plus croire en la médecine ? Justifiez votre réponse.

LA MÉDECINE EN QUESTION

8. Où commence le procès de la médecine ? Le procès des médecins ? Présentez les arguments de Béralde, ceux d'Argan, et commentez-les.

9. Faites le portrait de M. Purgon du point de vue de Béralde. En quoi les deux médecins Purgon et Diafoirus sont-ils différents selon Béralde ? Justifiez votre réponse en vous reportant à l'acte II, scène 5.

10. À travers le personnage de Béralde, c'est Molière qui s'exprime. Relevez tout ce qui vous semble faire directement allusion à l'auteur, et commentez votre relevé en vous reportant à « l'Enquête sur J.-B. Poquelin », p. 4.

SCÈNE 4. MONSIEUR FLEURANT, *une seringue*[1] *à la main,* ARGAN, BÉRALDE.

ARGAN.   Ah ! mon frère, avec votre permission.

BÉRALDE.   Comment ! que voulez-vous faire ?

ARGAN.   Prendre ce petit lavement-là, ce sera bientôt fait.

BÉRALDE.   Vous vous moquez. Est-ce que vous ne sauriez être
5 un moment sans lavement ou sans médecine ? Remettez cela
à une autre fois, et demeurez un peu en repos.

ARGAN.   Monsieur Fleurant, à ce soir ou à demain au matin.

MONSIEUR FLEURANT, *à Béralde.*   De quoi vous mêlez-vous de
vous opposer aux ordonnances de la médecine et d'empêcher
10 monsieur de prendre mon clystère[2] ? Vous êtes bien plaisant[3]
d'avoir cette hardiesse-là !

BÉRALDE.   Allez, monsieur ; on voit bien que vous n'avez pas
accoutumé de parler à des visages.

MONSIEUR FLEURANT.   On ne doit point ainsi se jouer des[4]
15 remèdes et me faire perdre mon temps. Je ne suis venu ici
que sur une bonne[5] ordonnance, et je vais dire à monsieur
Purgon comme on m'a empêché d'exécuter ses ordres et de
faire ma fonction. Vous verrez, vous verrez...

ARGAN.   Mon frère, vous serez cause[6] ici de quelque malheur.

20 BÉRALDE.   Le grand malheur de ne pas prendre un lavement
que monsieur Purgon a ordonné ! Encore un coup[7], mon

---

1. *Une seringue*   c'est-à-dire une seringue à lavement.
2. *Clystère :* lavement.
3. *Plaisant :* ironique : vous n'avez pas le droit.
4. *Se jouer de :* se moquer de.
5. *Bonne :* qui est établie dans les normes.
6. *Vous serez cause :* vous serez la cause.
7. *Encore un coup :* encore une fois.

frère, est-il possible qu'il n'y ait pas moyen de vous guérir de la maladie des médecins, et que vous vouliez être toute votre vie enseveli dans[1] leurs remèdes ?

25 ARGAN. Mon Dieu, mon frère, vous en parlez comme un homme qui se porte bien ; mais, si vous étiez à ma place, vous changeriez bien de langage. Il est aisé de parler contre la médecine quand on est en pleine santé.

BÉRALDE. Mais quel mal avez-vous ?

30 ARGAN. Vous me feriez enrager. Je voudrais que vous l'eussiez, mon mal, pour voir si vous jaseriez tant. Ah ! voici monsieur Purgon.

SCÈNE 5. MONSIEUR PURGON, ARGAN, BÉRALDE, TOINETTE.

MONSIEUR PURGON. Je viens d'apprendre là-bas, à la porte, de jolies nouvelles : qu'on se moque ici de mes ordonnances, et qu'on a fait refus de prendre le remède que j'avais prescrit.

ARGAN. Monsieur, ce n'est pas...

5 MONSIEUR PURGON. Voilà une hardiesse bien grande, une étrange rébellion d'un malade contre son médecin.

TOINETTE. Cela est épouvantable.

MONSIEUR PURGON. Un clystère que j'avais pris plaisir à composer moi-même.

10 ARGAN. Ce n'est pas moi.

MONSIEUR PURGON. Inventé et formé dans toutes les règles de l'art[2].

TOINETTE. Il a tort.

---

1. *Enseveli dans* : submergé par...
2. *Inventé et formé dans toutes les règles de l'art* : conçu et préparé selon les préceptes de la Faculté (de médecine).

MONSIEUR PURGON.   Et qui devait faire dans les entrailles un
15 effet merveilleux.

ARGAN.   Mon frère...

MONSIEUR PURGON.   Le renvoyer avec mépris !

ARGAN.   C'est lui...

MONSIEUR PURGON.   C'est une action exorbitante[1].

20 TOINETTE.   Cela est vrai.

MONSIEUR PURGON.   Un attentat énorme contre la médecine.

ARGAN.   Il est cause...

MONSIEUR PURGON.   Un crime de lèse-Faculté[2] qui ne se peut
assez punir.

25 TOINETTE.   Vous avez raison.

MONSIEUR PURGON.   Je vous déclare que je romps commerce[3]
avec vous.

ARGAN.   C'est mon frère...

MONSIEUR PURGON.   Que je ne veux plus d'alliance avec
30 vous[4].

TOINETTE.   Vous ferez bien.

MONSIEUR PURGON.   Et que, pour finir toute liaison avec
vous, voilà la donation que je faisais à mon neveu en faveur
du mariage. *(Il déchire violemment la donation.)*

35 ARGAN.   C'est mon frère qui a fait tout le mal.

MONSIEUR PURGON.   Mépriser mon clystère !

ARGAN.   Faites-le venir, je m'en vais le prendre.

---

1. *Exorbitante* : qui va contre la règle, le droit.
2. *Un crime de lèse-Faculté* : calqué sur *crime de lèse-majesté*, c'est-
à-dire : atteinte à la grandeur, à la majesté de la Faculté.
3. *Commerce* : toute relation.
4. *Je ne veux plus d'alliance avec vous* : que je ne veux plus entrer
dans votre famille par le mariage d'Angélique et de Thomas.

MONSIEUR PURGON. Je vous aurais tiré d'affaire avant qu'il fût peu[1].

40 TOINETTE. Il ne le mérite pas.

MONSIEUR PURGON. J'allais nettoyer votre corps et en évacuer entièrement les mauvaises humeurs[2].

ARGAN. Ah ! mon frère !

MONSIEUR PURGON. Et je ne voulais qu'une douzaine de
45 médecines pour vider le fond du sac[3].

TOINETTE. Il est indigne de vos soins.

MONSIEUR PURGON. Mais, puisque vous n'avez pas voulu guérir par mes mains...

ARGAN. Ce n'est pas ma faute.

50 MONSIEUR PURGON. Puisque vous vous êtes soustrait de l'obéissance que l'on doit à son médecin...

TOINETTE. Cela crie vengeance.

MONSIEUR PURGON. Puisque vous vous êtes déclaré rebelle aux remèdes que je vous ordonnais...

55 ARGAN. Hé ! point du tout.

MONSIEUR PURGON. J'ai à vous dire que je vous abandonne à votre mauvaise constitution, à l'intempérie[4] de vos entrailles, à la corruption[5] de votre sang, à l'âcreté de votre bile et à la féculence de vos humeurs[6].

---

1. *Avant qu'il fût peu :* avant peu.
2. *Humeurs :* liquides qui font la constitution du corps.
3. *Vider le fond du sac :* vous débarrasser définitivement grâce aux lavements.
4. *L'intempérie :* mauvais tempérament, c'est-à-dire mauvaise constitution.
5. *Corruption :* décomposition, pourriture.
6. *Féculence de vos humeurs :* l'impureté de vos humeurs, troublées comme par une lie.

60 TOINETTE. C'est fort bien fait.

ARGAN. Mon Dieu !

MONSIEUR PURGON. Et je veux qu'avant qu'il soit quatre jours vous deveniez dans un état incurable[1].

ARGAN. Ah ! miséricorde !

65 MONSIEUR PURGON. Que vous tombiez dans la bradypepsie[2].

ARGAN. Monsieur Purgon !

MONSIEUR PURGON. De la bradypepsie dans la dyspepsie[3].

ARGAN. Monsieur Purgon !

MONSIEUR PURGON. De la dyspepsie dans l'apepsie[4].

70 ARGAN. Monsieur Purgon !

MONSIEUR PURGON. De l'apepsie dans la lienterie[5].

ARGAN. Monsieur Purgon !

MONSIEUR PURGON. De la lienterie dans la dysenterie[6].

ARGAN. Monsieur Purgon !

75 MONSIEUR PURGON. De la dysenterie dans l'hydropisie[7].

ARGAN. Monsieur Purgon !

MONSIEUR PURGON. Et de l'hydropisie dans la privation de la vie, où vous aura conduit votre folie.

---

1. *Dans un état incurable* : c'est-à-dire qu'on ne puisse plus vous soigner.
2. *Bradypepsie* : digestion lente.
3. *Dyspepsie* : digestion difficile.
4. *Apepsie* : absence de digestion.
5. *Lienterie* : diarrhée.
6. *Dysenterie* : forte diarrhée infectieuse, très grave.
7. *Hydropisie* : accumulation d'eau dans une partie du corps, ici les intestins. Maladie très grave, qui peut être mortelle.

Acte III, scènes 4 et 5

COMPRÉHENSION

1. Pour quelle raison précise M. Purgon est-il si en colère (sc. 5) ?
2. Quels sont les termes qu'il utilise pour accuser Argan ? Dans quel lexique spécialisé les trouveriez-vous ?
3. Que souhaite finalement le médecin au malade ? N'est-ce pas étonnant et même choquant ? Que pensez-vous de ce comportement, dans le contexte ?
4. À votre avis, Argan connaît-il les maladies dont il est question ?

ÉVOLUTION DE L'ACTION

5. Pourquoi Argan est-il si prompt à abandonner son lavement (sc. 4) ? Peut-il y avoir plusieurs raisons ? Sur quel ton renvoie-t-il M. Fleurant ? Pourquoi ?
6. Quelle est la conséquence de la fureur de M. Purgon ? S'attendait-on à un tel coup de théâtre (sc. 5) ?

LES PERSONNAGES

7. Que savions-nous des rapports d'Argan et de l'apothicaire jusqu'à présent ? Le personnage de M. Fleurant, qui entre pour la première fois en scène (sc. 4), correspond-il à l'image qu'on pouvait en avoir ? Justifiez votre réponse en vous reportant à l'acte I, scène 1.

LA MISE EN SCÈNE

8. À votre avis, sur quel ton Argan dit-il : « Ah ! voici monsieur Purgon. » (sc. 4, lignes 31-32). Justifiez votre réponse.
9. M. Purgon entre pour la première fois sur scène (sc. 5). Imaginez ses gestes, son costume, son ton, sa diction... Molière a-t-il choisi au hasard les maladies dont M. Purgon menace Argan ?
10. Où se trouve Toinette durant toute la scène 5 ? À votre avis, à qui s'adresse-t-elle ? Quels sont ses gestes, son attitude ?
11. Où se trouve Béralde (sc. 5) ? Pourquoi ne dit-il rien ? Quelle est son attitude ?
12. À votre avis, quel est le comportement d'Argan sur scène (sc. 5) ? Quels sont ses gestes, l'intonation de sa voix ? Justifiez votre réponse.

SCÈNE 6. ARGAN, BÉRALDE.

ARGAN.   Ah ! mon Dieu, je suis mort. Mon frère, vous m'avez perdu.

BÉRALDE.   Quoi ? qu'y a-t-il ?

ARGAN.   Je n'en puis plus. Je sens déjà que la médecine se
5 venge.

BÉRALDE.   Ma foi, mon frère, vous êtes fou, et je ne voudrais pas, pour beaucoup de choses, qu'on vous vît faire ce que vous faites. Tâtez-vous[1] un peu, je vous prie ; revenez à vous-même et ne donnez point tant à[2] votre imagination.

10 ARGAN.   Vous voyez, mon frère, les étranges maladies dont il m'a menacé.

BÉRALDE.   Le simple[3] homme que vous êtes !

ARGAN.   Il dit que je deviendrai incurable avant qu'il soit quatre jours.

15 BÉRALDE.   Et ce qu'il dit, que fait-il à la chose[4] ? Est-ce un oracle[5] qui a parlé ? Il semble, à vous entendre, que monsieur Purgon tienne dans ses mains le filet[6] de vos jours, et que, d'autorité suprême, il vous l'allonge et vous le raccourcisse comme il lui plaît. Songez que les principes de votre vie sont
20 en vous-même, et que le courroux[7] de monsieur Purgon est

---

1. *Tâtez-vous* : réfléchissez, allez au fond de vos pensées.
2. *Ne donnez point tant à* : ne laissez pas tant aller.
3. *Simple* : crédule.
4. *Que fait-il à la chose* : qu'est-ce que cela fait en réalité ?
5. *Oracle* : un interprète de la volonté des dieux, ayant la connaissance suprême.
6. *Le filet* : la durée. Allusion au fil des Parques, symbole de la vie humaine.
7. *Le courroux* : la colère.

aussi peu capable de vous faire mourir que ses remèdes de vous faire vivre. Voici une aventure, si vous voulez, à vous défaire des médecins ; ou, si vous êtes né à ne pouvoir vous en passer, il est aisé d'en avoir un autre avec lequel, mon
25 frère, vous puissiez courir un peu moins de risque.

ARGAN.   Ah ! mon frère, il sait tout mon tempérament[1] et la manière dont il faut me gouverner[2].

BÉRALDE.   Il faut vous avouer que vous êtes un homme d'une grande prévention[3], et que vous voyez les choses avec d'étranges
30 yeux.

SCÈNE 7.   TOINETTE, ARGAN, BÉRALDE.

TOINETTE.   Monsieur, voilà un médecin qui demande à vous voir.

ARGAN.   Et quel médecin ?

TOINETTE.   Un médecin de la médecine.

5 ARGAN.   Je te demande qui il est.

TOINETTE.   Je ne le connais pas ; mais il me ressemble comme deux gouttes d'eau, et, si je n'étais sûre que ma mère était honnête femme, je dirais que ce serait quelque petit frère qu'elle m'aurait donné[4] depuis le trépas de mon père.

10 ARGAN.   Fais-le venir.

---

1. *Tempérament* : constitution physique.
2. *Gouverner* : traiter.
3. *D'une grande prévention* : qui a beaucoup d'idées préconçues.
4. *Ce serait quelque petit frère qu'elle m'aurait donné* : en français moderne : c'est quelque petit frère qu'elle m'a donné. Concordance du mode conditionnel, à l'époque.

BÉRALDE.   Vous êtes servi à souhait. Un médecin vous quitte, un autre se présente.

ARGAN.   J'ai bien peur que vous ne soyez cause de quelque malheur.

15 BÉRALDE.   Encore ! Vous en revenez toujours là.

ARGAN.   Voyez-vous, j'ai sur le cœur toutes ces maladies-là que je ne connais point, ces...

SCÈNE 8. TOINETTE, *en médecin*, ARGAN, BÉRALDE.

TOINETTE.   Monsieur, agréez[1] que je vienne vous rendre visite et vous offrir mes petits services pour toutes les saignées et les purgations dont vous aurez besoin.

ARGAN.   Monsieur, je vous suis fort obligé. Par ma foi, voilà
5 Toinette elle-même.

TOINETTE.   Monsieur, je vous prie de m'excuser, j'ai oublié de donner une commission à mon valet, je reviens tout à l'heure[2].

ARGAN.   Eh ! ne diriez-vous pas que c'est effectivement
10 Toinette ?

BÉRALDE.   Il est vrai que la ressemblance est tout à fait grande ; mais ce n'est pas la première fois qu'on a vu de ces sortes de choses, et les histoires ne sont pleines que de ces jeux de la nature.

15 ARGAN.   Pour moi, j'en suis surpris, et...

---

1. *Agréer* : accueillir favorablement.
2. *Tout à l'heure* : tout de suite.

SCÈNE 9. TOINETTE, ARGAN, BÉRALDE

TOINETTE *quitte son habit de médecin si promptement qu'il est difficile de croire que ce soit elle qui a paru en médecin.* Que voulez-vous, monsieur ?

ARGAN. Comment ?

TOINETTE. Ne m'avez-vous pas appelée ?

ARGAN. Moi ? non.

5 TOINETTE. Il faut donc que les oreilles m'aient corné[1].

ARGAN. Demeure un peu ici pour voir comme ce médecin te ressemble.

TOINETTE, *en sortant, dit.* Oui, vraiment ! J'ai affaire là-bas, et je l'ai assez vu.

10 ARGAN. Si je ne les voyais tous deux, je croirais que ce n'est qu'un.

BÉRALDE. J'ai lu des choses surprenantes de[2] ces sortes de ressemblance, et nous en avons vu, de notre temps, où tout le monde s'est trompé.

15 ARGAN. Pour moi, j'aurais été trompé à celle-là, et j'aurais juré que c'est la même personne.

SCÈNE 10. TOINETTE, *en médecin,* ARGAN, BÉRALDE

TOINETTE. Monsieur, je vous demande pardon de tout mon cœur.

---

1. *M'aient corné :* aient bourdonné.
2. *De :* au sujet de.

Argan (Jean Le Poulain) et Toinette (France Rousselle)
dans une mise en scène de Jean-Laurent Cochet
à la Comédie Française, en 1979.

ARGAN.   Cela est admirable[1] !

TOINETTE.   Vous ne trouverez pas mauvais[2], s'il vous plaît,
5 la curiosité que j'ai eue de voir un illustre malade comme
vous êtes, et votre réputation, qui s'étend partout, peut excuser
la liberté que j'ai prise.

ARGAN.   Monsieur, je suis votre serviteur.

TOINETTE.   Je vois, monsieur, que vous me regardez fixement.
10 Quel âge croyez-vous bien que j'aie ?

ARGAN.   Je crois que tout au plus vous pouvez avoir vingt-
six ou vingt-sept ans...

TOINETTE.   Ah ! ah ! ah ! ah ! ah ! J'en ai quatre-vingt-dix.

ARGAN.   Quatre-vingt-dix ?

15 TOINETTE.   Oui. Vous voyez un effet des secrets de mon art,
de me conserver ainsi frais et vigoureux.

ARGAN.   Par ma foi, voilà un beau jeune vieillard pour quatre-
vingt-dix ans.

TOINETTE.   Je suis médecin passager[3], qui vais de ville en
20 ville, de province en province, de royaume en royaume, pour
chercher d'illustres matières à ma capacité[4], pour trouver des
malades dignes de m'occuper, capables d'exercer les grands
et beaux secrets que j'ai trouvés dans la médecine. Je dédaigne
de m'amuser à ce menu fatras[5] de maladies ordinaires, à ces

---

1. *Admirable :* Argan parle de la ressemblance du médecin avec
Toinette.
2. *Vous ne trouverez pas mauvais :* vous ne trouverez pas de mal à.
3. *Passager :* ambulant.
4. *D'illustres matières à ma capacité :* des sujets, c'est-à-dire des
malades, intéressant suffisamment ma compétence.
5. *Fatras :* amas confus.

25 bagatelles de rhumatismes et de fluxions[1], à ces fiévrottes[2], à
ces vapeurs[3] et à ces migraines. Je veux des maladies
d'importance, de bonnes fièvres continues, avec des transports
au cerveau[4], de bonnes fièvres pourprées[5], de bonnes pestes,
de bonnes hydropisies[6] formées[7], de bonnes pleurésies[8], avec
30 des inflammations de poitrine : c'est là que je me plais, c'est
là que je triomphe ; et je voudrais, monsieur, que vous eussiez
toutes les maladies que je viens de dire, que vous fussiez
abandonné de tous les médecins, désespéré, à l'agonie, pour
vous montrer l'excellence de mes remèdes, et l'envie que
35 j'aurais[9] de vous rendre service.

ARGAN.   Je vous suis obligé, monsieur, des bontés que vous
avez pour moi.

TOINETTE.   Donnez-moi votre pouls. Allons donc, que l'on
batte comme il faut. Ah ! je vous ferai bien aller comme vous
40 devez. Ouais ! ce pouls-là fait l'impertinent ; je vois bien que
vous ne me connaissez pas encore. Qui est votre médecin ?

ARGAN.   Monsieur Purgon.

TOINETTE.   Cet homme-là n'est point écrit sur mes tablettes
entre les grands médecins[10]. De quoi dit-il que vous êtes
45 malade ?

---

1. *Fluxions :* afflux de liquide dans certains tissus.
2. *Fiévrotte :* petite fièvre. Diminutif inventé de type patoisant.
3. *Vapeurs :* troubles, malaises.
4. *Transports au cerveau :* délires.
5. *Fièvres pourprées :* fièvres rouges, comme la rougeole ou la scarlatine.
6. *Hydropisie :* accumulation d'eau dans une partie du corps.
7. *Formées :* c'est-à-dire arrivées à un stade critique.
8. *Pleurésie :* inflammation du poumon.
9. *J'aurais :* en français moderne : j'ai. (cf. note 4, p. 143.)
10. *N'est point écrit sur mes tablettes entre les grands médecins :* ne fait pas partie des grands médecins que je connais.

ARGAN. Il dit que c'est du foie, et d'autres disent que c'est de la rate.

TOINETTE. Ce sont tous des ignorants. C'est du poumon que vous êtes malade.

50 ARGAN. Du poumon ?

TOINETTE. Oui. Que sentez-vous ?

ARGAN. Je sens de temps en temps des douleurs de tête.

TOINETTE. Justement, le poumon.

ARGAN. Il me semble parfois que j'ai un voile devant les
55 yeux.

TOINETTE. Le poumon.

ARGAN. J'ai quelquefois des maux de cœur.

TOINETTE. Le poumon.

ARGAN. Je sens parfois des lassitudes par[1] tous les membres.

60 TOINETTE. Le poumon.

ARGAN. Et quelquefois il me prend des douleurs dans le ventre, comme si c'étaient des coliques.

TOINETTE. Le poumon. Vous avez appétit à[2] ce que vous mangez ?

65 ARGAN. Oui, monsieur.

TOINETTE. Le poumon. Vous aimez à boire un peu de vin ?

ARGAN. Oui, monsieur.

TOINETTE. Le poumon. Il vous prend un petit sommeil après le repas, et vous êtes bien aise de dormir ?

70 ARGAN. Oui, monsieur.

---

1. *Par :* dans.
2. *Vous avez appétit à :* vous avez de l'appétit pour.

TOINETTE. Le poumon, le poumon, vous dis-je. Que vous ordonne votre médecin pour votre nourriture ?

ARGAN. Il m'ordonne du potage.

TOINETTE. Ignorant !

ARGAN. De la volaille.

75 TOINETTE. Ignorant !

ARGAN. Du veau.

TOINETTE. Ignorant !

ARGAN. Des bouillons.

TOINETTE. Ignorant !

80 ARGAN. Des œufs frais.

TOINETTE. Ignorant !

ARGAN. Et, le soir, de petits pruneaux pour lâcher¹ le ventre.

TOINETTE. Ignorant !

ARGAN. Et surtout de boire mon vin fort trempé².

85 TOINETTE. *Ignorantus, ignoranta, ignorantum*³ *!* Il faut boire votre vin pur ; et, pour épaissir votre sang, qui est trop subtil⁴, il faut manger du bon gros bœuf, de bon gros porc, de bon fromage de Hollande, du gruau⁵ et du riz, et des marrons et des oublies⁶, pour coller et conglutiner⁷. Votre médecin est
90 une bête. Je veux vous en envoyer un de ma main⁸, et je

---

1. *Lâcher :* relâcher.
2. *Trempé :* mêlé d'eau.
3. *Ignorantus, ignoranta, ignorantum* (latin) : ignorant, au masculin, au féminin et au neutre.
4. *Subtil :* dilué.
5. *Gruau :* plat à base de céréales.
6. *Oublies :* pâtisseries, sortes de gaufres.
7. *Conglutiner :* épaissir.
8. *De ma main :* que j'ai formé.

viendrai vous voir de temps en temps, tandis que[1] je serai en cette ville.

ARGAN.   Vous m'obligerez beaucoup[2].

95 TOINETTE.   Que diantre[3] faites-vous de ce bras-là ?

ARGAN.   Comment ?

TOINETTE.   Voilà un bras que je me ferais couper tout à l'heure[4], si j'étais que de vous[5].

ARGAN.   Et pourquoi ?

100 TOINETTE.   Ne croyez-vous pas qu'il tire à soi toute la nourriture, et qu'il empêche ce côté-là de profiter ?

ARGAN.   Oui, mais j'ai besoin de mon bras.

TOINETTE.   Vous avez là aussi un œil droit que je me ferais crever, si j'étais en votre place.

105 ARGAN.   Crever un œil ?

TOINETTE.   Ne voyez-vous pas qu'il incommode[6] l'autre et lui dérobe sa nourriture ? Croyez-moi, faites-vous-le crever au plus tôt, vous en verrez plus clair de l'œil gauche.

ARGAN.   Cela n'est pas pressé.

110 TOINETTE.   Adieu. Je suis fâché de vous quitter si tôt, mais il faut que je me trouve à une grande consultation qui se doit faire pour un homme qui mourut hier.

ARGAN.   Pour un homme qui mourut hier ?

---

1. *Tandis que :* tant que.
2. *Vous m'obligez beaucoup :* vous êtes bien serviable.
3. *Que diantre :* que diable.
4. *Tout à l'heure :* tout de suite.
5. *Si j'étais que de vous :* si j'étais à votre place.
6. *Incommode :* gêne.

TOINETTE. Oui, pour aviser[1] et voir ce qu'il aurait fallu lui
115 faire pour le guérir. Jusqu'au revoir.

ARGAN. Vous savez que les malades ne reconduisent point[2].

BÉRALDE. Voilà un médecin qui paraît fort habile.

ARGAN. Oui, mais il va un peu bien vite.

BÉRALDE. Tous les grands médecins sont comme cela.

120 ARGAN. Me couper un bras, me crever un œil, afin que
l'autre se porte mieux ! J'aime bien mieux qu'il ne se porte
pas si bien. La belle opération de me rendre borgne et
manchot !

---

1. *Aviser :* réfléchir.
2. *Ne reconduisent point :* ne raccompagnent pas leurs visiteurs
jusqu'à la porte.

Acte III, scènes 6, 7, 8, 9 et 10

COMPRÉHENSION

1. Qu'est-ce qui vous paraît parfaitement invraisemblable dans le discours et la consultation de Toinette médecin (sc. 10) ? Qu'est-ce qui vous paraît cependant vraisemblable ?
2. Quels sont les différents arguments utilisés par Toinette médecin pour persuader Argan ? Comment arrive-t-elle finalement à le séduire ?
3. Toinette ne manifeste-t-elle pas un certain plaisir à se jouer ainsi d'Argan devant Béralde ? Justifiez votre réponse.
4. Argan ne connaît pas ce médecin passager. Examinez ses différentes réactions face au médecin inconnu.

ÉVOLUTION DE L'ACTION

5. Quelle est l'utilité dramatique de la scène 6 ?
6. Après un certain nombre de va-et-vient, Toinette médecin s'impose enfin auprès d'Argan (sc. 9). Ces entrées et sorties étaient-elles nécessaires ? Justifiez votre réponse.
7. Toinette ne répond-elle pas à un objectif précis qu'elle s'est fixé ? Citez une réplique de l'acte III, scène 2 qui justifiera votre réponse.
8. Comment Béralde aide-t-il Toinette dans son entreprise ?

LE COMIQUE

9. Examinez les différents procédés comiques utilisés dans les scènes 7, 8, 9 et 10. Quel est celui qui est le plus largement exploité ? Pourquoi, à votre avis ? Argumentez.
10. Analysez la tirade de Toinette (sc. 10, de « je suis médecin passager » jusqu'à « que j'aurais de vous rendre service ») et relevez tous les jeux de mots et les allusions ironiques que fait Toinette pour se moquer de la médecine.
11. Comparez la consultation faite par Toinette (sc. 10) avec celle des Diafoirus (acte II, sc. 6) et montrez comment Molière complète encore la satire des médecins.

SCÈNE 11. TOINETTE, ARGAN, BÉRALDE.

TOINETTE. Allons, allons, je suis votre servante. Je n'ai pas envie de rire.

ARGAN. Qu'est-ce que c'est ?

TOINETTE. Votre médecin, ma foi, qui me voulait tâter le
5 pouls.

ARGAN. Voyez un peu, à l'âge de quatre-vingt-dix ans !

BÉRALDE. Oh ça, mon frère, puisque voilà votre monsieur Purgon brouillé avec vous, ne voulez-vous pas bien que je vous parle du parti qui s'offre pour ma nièce ?

10 ARGAN. Non, mon frère, je veux la mettre dans un couvent, puisqu'elle s'est opposée à mes volontés. Je vois bien qu'il y a quelque amourette là-dessous, et j'ai découvert certaine entrevue secrète qu'on ne sait pas que j'ai découverte.

BÉRALDE. Hé bien ! mon frère, quand il y aurait quelque
15 petite inclination, cela serait-il si criminel, et rien[1] peut-il vous offenser, quand tout ne va qu'à des choses honnêtes comme le mariage ?

ARGAN. Quoi qu'il en soit, mon frère, elle sera religieuse ; c'est une chose résolue.

20 BÉRALDE. Vous voulez faire plaisir à quelqu'un.

ARGAN. Je vous entends. Vous en revenez toujours là, et ma femme vous tient au cœur.

BÉRALDE. Hé bien, oui, mon frère, puisqu'il faut parler à cœur ouvert, c'est votre femme que je veux dire ; et non plus
25 que[2] l'entêtement de la médecine, je ne puis vous souffrir

---

1. *Rien* : cela.
2. *Non plus que* : pas plus que.

l'entêtement où vous êtes pour elle[1], et voir que vous donniez tête baissée dans tous les pièges qu'elle vous tend.

TOINETTE.   Ah ! monsieur, ne parlez point de madame ; c'est une femme sur laquelle il n'y a rien à dire, une femme sans
30 artifice, et qui aime monsieur, qui l'aime !... On ne peut pas dire cela.

ARGAN.   Demandez-lui un peu les caresses[2] qu'elle me fait.

TOINETTE.   Cela est vrai.

ARGAN.   L'inquiétude que lui donne ma maladie.

35 TOINETTE.   Assurément.

ARGAN.   Et les soins et les peines qu'elle prend autour de moi.

TOINETTE.   Il est certain. (À Béralde.) Voulez-vous que je vous convainque et vous fasse voir tout à l'heure[3] comme madame
40 aime monsieur ? (À Argan.) Monsieur, souffrez que je lui montre son bec jaune[4] et le tire d'erreur.

ARGAN.   Comment ?

TOINETTE.   Madame s'en va revenir. Mettez-vous tout étendu dans cette chaise, et contrefaites[5] le mort. Vous verrez la
45 douleur où elle sera quand je lui dirai la nouvelle.

ARGAN.   Je le veux bien.

TOINETTE.   Oui, mais ne la laissez pas longtemps dans le désespoir, car elle en pourrait bien mourir.

ARGAN.   Laisse-moi faire.

---

1. *Vous souffrir l'entêtement où vous êtes pour elle* : supporter votre entêtement à son égard.
2. *Caresses* : témoignages d'affection.
3. *Tout à l'heure* : tout de suite.
4. *Lui montrer son bec jaune* : lui montrer combien il se trompe.
5. *Contrefaites* : imitez.

50 TOINETTE, *à Béralde.* Cachez-vous, vous, dans ce coin-là.

ARGAN. N'y a-t-il point quelque danger à contrefaire le mort ?

TOINETTE. Non, non. Quel danger y aurait-il ? Étendez-vous là seulement. *(Bas.)* Il y aura plaisir à confondre[1] votre frère.
55 Voici madame. Tenez-vous bien.

SCÈNE 12. BÉLINE, TOINETTE, ARGAN, BÉRALDE.

TOINETTE *s'écrie.* Ah ! mon Dieu ! Ah ! malheur ! quel étrange accident !

BÉLINE. Qu'est-ce, Toinette ?

TOINETTE. Ah ! madame !

5 BÉLINE. Qu'y a-t-il ?

TOINETTE. Votre mari est mort.

BÉLINE. Mon mari est mort ?

TOINETTE. Hélas ! oui. Le pauvre défunt est trépassé.

BÉLINE. Assurément ?

10 TOINETTE. Assurément. Personne ne sait encore cet accident-là, et je me suis trouvée ici toute seule. Il vient de passer[2] entre mes bras. Tenez, le voilà tout de son long dans cette chaise.

BÉLINE. Le ciel en soit loué ! Me voilà délivrée d'un grand
15 fardeau. Que tu es sotte, Toinette, de t'affliger de cette mort !

TOINETTE. Je pensais, madame, qu'il fallût pleurer.

---

1. *Confondre* : prouver qu'il se trompe.
2. *Passer* : mourir.

BÉLINE.   Va, va, cela n'en vaut pas la peine. Quelle perte est-ce que la sienne, et de quoi[1] servait-il sur la terre ? Un homme incommode à[2] tout le monde, malpropre, dégoûtant, sans
20 cesse un lavement ou une médecine dans le ventre, mouchant, toussant, crachant toujours, sans esprit, ennuyeux, de mauvaise humeur, fatiguant sans cesse les gens, et grondant jour et nuit servantes et valets.

TOINETTE.   Voilà une belle oraison funèbre[3].

25 BÉLINE.   Il faut, Toinette, que tu m'aides à exécuter mon dessein, et tu peux croire qu'en me servant ta récompense est sûre. Puisque, par un bonheur, personne n'est encore averti de la chose, portons-le dans son lit, et tenons cette mort cachée jusqu'à ce que j'aie fait mon affaire. Il y a des
30 papiers, il y a de l'argent, dont je me veux saisir, et il n'est pas juste que j'aie passé sans fruit auprès de lui mes plus belles années. Viens, Toinette : prenons auparavant toutes ses clefs.

ARGAN, *se levant brusquement*.   Doucement.

35 BÉLINE, *surprise et épouvantée*.   Aïe !

ARGAN.   Oui, madame ma femme, c'est ainsi que vous m'aimez ?

TOINETTE.   Ah ! ah ! le défunt n'est pas mort.

ARGAN, *à Béline, qui sort*.   Je suis bien aise de voir votre
40 amitié[4] et d'avoir entendu le beau panégyrique[5] que vous avez

---

1. *De quoi* : à quoi.
2. *Incommode à* : gênant pour.
3. *Oraison funèbre* : discours religieux prononcé au moment de l'enterrement.
4. *Amitié* : affection.
5. *Panégyrique* : discours d'éloge.

fait de moi. Voilà un avis au lecteur[1] qui me rendra sage à l'avenir, et qui m'empêchera de faire bien des choses.

BÉRALDE, *sortant de l'endroit où il s'est caché.* Hé bien, mon frère, vous le voyez.

45 TOINETTE. Par ma foi, je n'aurais jamais cru cela. Mais j'entends votre fille ; remettez-vous comme vous étiez et voyons de quelle manière elle recevra[2] votre mort. C'est une chose qu'il n'est pas mauvais d'éprouver ; et puisque vous êtes en train, vous connaîtrez par là les sentiments que votre
50 famille a pour vous.

---

1. *Avis au lecteur :* avertissement.
2. *Recevra :* apprendra la nouvelle de.

Acte III, scènes 11 et 12

COMPRÉHENSION

1. À quoi voit-on dans la scène 11 que Béralde est exactement au courant des rapports qu'entretiennent Cléante et Angélique ?

2. À votre avis, l'idée de Toinette de faire passer Argan pour mort vient-elle à peine de surgir dans son esprit (sc. 11) ? Qu'est-ce qui a pu la motiver ? Justifiez votre réponse.

3. D'après Argan, qu'est-ce qui est le plus louable dans la conduite de Béline (sc. 11) ?

4. Que pensez-vous du portrait d'Argan brossé par Béline (sc. 12) ? N'est-il pas objectif, dans une certaine mesure ?

5. Comment expliquez-vous qu'Argan ne soit pas effondré en apprenant la vérité (sc. 12) ?

ÉVOLUTION DE L'ACTION

6. D'où vient Béline (sc. 12) ? Ne pouvait-il y avoir moment plus propice à la disparition d'Argan ?

7. Comment justifiez-vous que Béline ne vérifie pas elle-même le décès effectif d'Argan (sc. 12) ? Justifiez votre réponse en citant une réplique de l'acte I, scène 6 et une de l'acte I, scène 8.

8. Toinette et Béralde ont-ils complètement atteint leur but (sc. 12) ? Que leur reste-t-il à faire ?

9. À votre avis, où est partie Béline ? Que va-t-elle faire ? Que peut-elle faire (sc. 12) ?

SCÈNE 13. ANGÉLIQUE, ARGAN, TOINETTE, BÉRALDE.

TOINETTE *s'écrie.* Ô ciel ! ah ! fâcheuse aventure ! malheureuse journée !

ANGÉLIQUE. Qu'as-tu, Toinette, et de quoi pleures-tu ?

TOINETTE. Hélas ! j'ai de tristes nouvelles à vous donner.

5 ANGÉLIQUE. Hé quoi !

TOINETTE. Votre père est mort.

ANGÉLIQUE. Mon père est mort, Toinette ?

TOINETTE. Oui, vous le voyez là. Il vient de mourir tout à l'heure[1] d'une faiblesse qui lui a pris.

10 ANGÉLIQUE. Ô ciel ! quelle infortune ! quelle atteinte[2] cruelle ! Hélas ! faut-il que je perde mon père, la seule chose qui me restait au monde, et qu'encore, pour un surcroît de désespoir, je le perde dans un moment où il était irrité contre moi ! Que deviendrai-je, malheureuse, et quelle consolation trouver 15 après une si grande perte ?

SCÈNE 14. CLÉANTE, ANGÉLIQUE, ARGAN, TOINETTE, BÉRALDE.

CLÉANTE. Qu'avez-vous donc, belle Angélique ? et quel malheur pleurez-vous ?

ANGÉLIQUE. Hélas ! je pleure tout ce que dans ma vie je pouvais perdre de plus cher et de plus précieux. Je pleure la 5 mort de mon père.

---

1. *Tout à l'heure :* à l'instant.
2. *Atteinte :* coup du destin.

CLÉANTE. Ô ciel ! quel accident ! quel coup inopiné[1] ! Hélas ! après la demande que j'avais conjuré[2] votre oncle de lui faire pour moi, je venais me présenter à lui et tâcher, par mes respects et par mes prières, de disposer son cœur à vous
10 accorder à mes vœux.

ANGÉLIQUE. Ah ! Cléante, ne parlons plus de rien. Laissons là toutes les pensées du mariage. Après la perte de mon père, je ne veux plus être du monde, et j'y renonce pour jamais. Oui, mon père, si j'ai résisté tantôt à vos volontés, je veux
15 suivre du moins une de vos intentions et réparer par là le chagrin que je m'accuse de vous avoir donné. Souffrez, mon père, que je vous en donne ici ma parole, et que je vous embrasse pour vous témoigner mon ressentiment[3].

ARGAN *se lève*. Ah ! ma fille !

20 ANGÉLIQUE, *épouvantée*. Aïe !

ARGAN. Viens. N'aie point de peur, je ne suis pas mort. Va, tu es mon vrai sang, ma véritable fille, et je suis ravi d'avoir vu ton bon naturel.

ANGÉLIQUE. Ah ! quelle surprise agréable, mon père ! Puisque,
25 par un bonheur extrême, le ciel vous redonne à mes vœux, souffrez qu'ici je me jette à vos pieds pour vous supplier d'une chose. Si vous n'êtes pas favorable au penchant de mon cœur, si vous me refusez Cléante pour époux, je vous conjure, au moins, de ne me point forcer d'en épouser un
30 autre. C'est toute la grâce que je vous demande.

CLÉANTE, *se jette à genoux*. Eh ! monsieur, laissez-vous toucher à[4] ses prières et aux miennes, et ne vous montrez point

---

1. *Inopiné :* brusque et inattendu.
2. *Conjuré :* supplié.
3. *Ressentiment :* sentiment à la fois de douleur et d'affection.
4. *Toucher à :* toucher par.

contraire aux mutuels empressements[1] d'une si belle inclination.

BÉRALDE.   Mon frère, pouvez-vous tenir là contre[2] ?

35 TOINETTE.   Monsieur, serez-vous insensible à tant d'amour ?

ARGAN.   Qu'il se fasse médecin, je consens au mariage. Oui, faites-vous médecin, je vous donne ma fille.

CLÉANTE.   Très volontiers ; s'il ne tient qu'à cela pour être votre gendre, je me ferai médecin, apothicaire même, si vous
40 voulez. Ce n'est pas une affaire que cela, et je ferais bien d'autres choses pour obtenir la belle Angélique.

BÉRALDE. Mais, mon frère, il me vient une pensée. Faites-vous médecin vous-même. La commodité sera encore plus grande d'avoir en vous tout ce qu'il vous faut.

45 TOINETTE.   Cela est vrai. Voilà le vrai moyen de vous guérir bientôt ; et il n'y a point de maladie si osée que de se jouer à[3] la personne d'un médecin.

ARGAN.   Je pense, mon frère, que vous vous moquez de moi. Est-ce que je suis en âge d'étudier ?

50 BÉRALDE.   Bon, étudier ! Vous êtes assez savant ; et il y en a beaucoup parmi eux qui ne sont pas plus habiles que vous.

ARGAN.   Mais il faut savoir parler latin, connaître les maladies et les remèdes qu'il y faut faire.

BÉRALDE.   En recevant la robe et le bonnet de médecin, vous
55 apprendrez tout cela, et vous serez après plus habile que vous ne voudrez.

ARGAN.   Quoi ! l'on sait discourir sur les maladies quand on a cet habit-là ?

BÉRALDE.   Oui. L'on n'a qu'à parler ; avec une robe et un

---

1. *Empressements :* témoignages.
2. *Tenir là contre :* s'opposer à cette requête.
3. *Si osée que de se jouer à :* hardie pour s'attaquer à.

60 bonnet, tout galimatias[1] devient savant, et toute sottise devient raison.

TOINETTE. Tenez, monsieur, quand il n'y aurait que votre barbe, c'est déjà beaucoup, et la barbe fait plus de la moitié d'un médecin.

65 CLÉANTE. En tout cas je suis prêt à tout.

BÉRALDE. Voulez-vous que l'affaire se fasse tout à l'heure ?

ARGAN. Comment, tout à l'heure[2] ?

BÉRALDE. Oui, et dans votre maison.

ARGAN. Dans ma maison ?

70 BÉRALDE. Oui. Je connais une Faculté de mes amies qui viendra tout à l'heure en faire la cérémonie dans votre salle. Cela ne vous coûtera rien.

ARGAN. Mais moi, que dire ? que répondre ?

BÉRALDE. On vous instruira en deux mots, et l'on vous 75 donnera par écrit ce que vous devez dire. Allez-vous-en vous mettre en habit décent, je vais les envoyer querir[3].

ARGAN. Allons, voyons cela.

CLÉANTE. Que voulez-vous dire, et qu'entendez-vous avec cette Faculté de vos amies ?

80 TOINETTE. Quel est donc votre dessein ?

BÉRALDE. De nous divertir un peu ce soir. Les comédiens ont fait un petit intermède de la réception d'un médecin[4], avec des danses et de la musique ; je veux que nous en

---

1. *Galimatias* : discours confus.
2. *Tout à l'heure* : tout de suite, bientôt.
3. *Querir* : chercher.
4. *Ont fait un petit intermède de la réception d'un médecin* : ont créé un petit divertissement ayant pour sujet la cérémonie au cours de laquelle le candidat est reçu médecin.

prenions ensemble le divertissement, et que mon frère y fasse
85 le premier personnage.

ANGÉLIQUE.   Mais, mon oncle, il me semble que vous vous
jouez[1] un peu beaucoup de mon père.

BÉRALDE.   Mais, ma nièce, ce n'est pas tant le jouer que
s'accommoder à ses fantaisies[2]. Tout ceci n'est qu'entre nous.
90 Nous y pouvons aussi prendre chacun un personnage, et nous
donner ainsi la comédie les uns aux autres. Le carnaval[3]
autorise cela. Allons vite préparer toutes choses.

CLÉANTE, à Angélique.   Y consentez-vous ?

ANGÉLIQUE.   Oui, puisque mon oncle nous conduit.

---

1. *Vous vous jouez :* vous vous moquez.
2. *Ce n'est pas tant le jouer que s'accommoder à ses fantaisies :* ce
n'est pas vraiment se moquer de lui que de se conformer à ses lubies.
3. *Le carnaval :* nous sommes au moment du carnaval.

Troisième intermède

C'est une cérémonie burlesque d'un homme qu'on fait médecin en récit, chant et danse.

ENTRÉE DE BALLET

Plusieurs tapissiers viennent préparer la salle et placer les bancs en cadence. Ensuite de quoi toute l'assemblée, composée de huit porte-seringues, six apothicaires, vingt-deux docteurs, et celui qui se fait recevoir médecin, huit chirurgiens dansants et deux chantants. Chacun entre et prend ses places selon son rang.

Argan prête serment
(Jean Le Poulain dans la mise en scène de Jean-Laurent Cochet).

165

TEXTE

PRAESES

Savantissimi doctores,
Medicinæ professores,
Qui hic assemblati estis,
Et vos, altri messiores
5   Sententiarum Facultatis
Fideles executores,
Chirurgiani et apothicari,
Atque tota compania aussi,
alus, honor et argentum,
10 Atque bonum appetitum.

Non possum, docti confreri,
En moi satis admirari
Qualis bona inventio
Est medici professio ;
15 Quam bella chosa est et bene trovata,
Medicina illa benedicta,
Quæ, suo nomine solo,
Surprenanti miraculo,
Depuis si longo tempore,
20 Facit à gogo vivere
Tant de gens omni genere.

Per totam terram videmus
Grandam vogam ubi sumus,
Et quod grandes et petiti
25 Sunt de nobis infatuti :
Totus mundus, currens ad nostros remedios,
Nos regardat sicut deos,
Et nostris ordonnanciis
Principes et reges soumissos videtis.

30 Donque il est nostræ sapientiæ,

166

TRADUCTION

LE PRÉSIDENT

Très savants docteurs,
Professeurs de médecine,
Qui êtes assemblés ici,
Et vous autres, Messieurs,
5 Des sentences de la Faculté
Fidèles exécutants,
Chirurgiens et apothicaires,
Et toute la compagnie aussi,
Salut, honneur et argent,
10 Et bon appétit !

Je ne peux, doctes confrères,
En moi admirer assez
Quelle bonne invention
Est la profession de médecin,
15 Quelle belle chose et bien trouvée,
Que cette médecine bénie,
Qui par son seul nom,
Miracle surprenant,
Depuis si longtemps,
20 Fait vivre à gogo
Tant de gens de toute race.

Par toute la terre nous voyons
La grande vogue où nous sommes,
Et que les grands et les petits
25 Sont de nous infatués.
Le monde entier courant après nos remèdes,
Nous regarde comme des dieux ;
Et à nos ordonnances
Nous voyons soumis princes et rois.

30 Donc il est de notre sagesse,

167

Boni sensus atque prudentiæ,
De fortement travaillare
A nos bene conservare
In tali credito, voga et honore,
35 Et prendere gardam à non recevere
In nostro docto corpore
Quam personas capabiles,
Et totas dignas remplire
Has plaças honorabiles.

40 C'est pour cela que nunc convocati estis,
Et credo quod trovabitis
Dignam materiam medici
In savanti homine que voici,
Lequel, in chosis omnibus,
45 Dono ad interrogandum
Et à fond examinandum
Vostris capacitatibus.

                    PRIMUS DOCTOR
Si mihi licentiam dat dominus præses,
Et tanti docti doctores,
50 Et assistantes illustres,
Très savanti bacheliero,
Quem estimo et honoro,
Domandabo causam est rationem quare
Opium facit dormire.

                    BACHELIERUS
55 Mihi a docto doctore
Domandatur causam et rationem quare
Opium facit dormire ?
A quoi respondeo
Quia est in eo
60 Virtus dormitiva,
Cujus est natura
Sensus assoupire.

De notre bon sens et prudence,
De travailler fortement
À nous bien conserver
En tels crédit, vogue et honneur,
35 Et de prendre garde à ne recevoir
Dans notre docte corporation
Que des personnes capables,
Et entièrement dignes de remplir
Ces places honorables.

40 C'est pour cela qu'à présent vous avez été convoqués ;
Et je crois que vous trouverez
Une digne matière de médecin
Dans le savant homme que voici,
Lequel en toutes choses
45 Je vous donne à interroger
Et examiner à fond
Par vos capacités.

PREMIER DOCTEUR

Si permission m'est donnée par le Seigneur Président,
Et par tant de doctes docteurs,
50 Et par les illustres assistants,
Au très savant bachelier,
Que j'estime et honore,
Je demanderai la cause et la raison pour lesquelles
L'opium fait dormir.

LE BACHELIER

55 Le docte docteur me demande
La cause et la raison pour lesquelles
L'opium fait dormir.
À quoi je réponds :
Parce qu'il est en lui
60 Une vertu dormitive,
Dont la nature
Est d'endormir les sens.

169

CHORUS

Bene, bene, bene, bene respondere :
Dignus, dignus est intrare
65 In nostro docto corpore.
Bene, bene respondere.

SECUNDUS DOCTOR

Cum permissione domini præsidis,
Doctissimæ Facultatis,
Et totius his nostris actis
70 Companiæ assistantis,
Domandabo tibi, docte bacheliere,
Quæ sunt remedia,
Quæ in maladia
Dite hydropisia
75 Convenit facere.

BACHELIERUS

Clysterium donare,
Postea seignare,
Ensuita purgare.

CHORUS

Bene, bene, bene, bene respondere :
80 Dignus, dignus est intrare
In nostro docto corpore.

TERTIUS DOCTOR

Si bonum semblatur domino præsidi,
Doctissimæ Facultati
Et companiæ præsenti,
85 Domandabo tibi, docte bacheliere,
Quæ remedia eticis,
Pulmonicis atque asmaticis,
Trovas à propos facere.

BACHELIERUS

Clysterium donare,
90 Postea seignare,

170

LE CHŒUR

Bien, bien, bien, bien répondu.
Digne, il est digne d'entrer
65 Dans notre docte corporation.
Bien, bien répondu.

SECOND DOCTEUR

Avec la permission du Seigneur Président,
De la très docte Faculté,
Et de toute la compagnie
70 Témoin de nos actes,
Je te demanderai, docte bachelier,
Quels sont les remèdes,
Que, dans la maladie
Appelée hydropisie,
75 Il convient d'appliquer.

LE BACHELIER

Clystère donner,
Puis saigner,
Ensuite purger.

LE CHŒUR

Bien, bien, bien, bien répondu.
80 Digne, il est digne d'entrer
Dans notre docte corporation.

TROISIÈME DOCTEUR

S'il semble bon au Seigneur Président,
À la très docte Faculté,
Et à la compagnie présente,
85 Je te demanderai, docte bachelier,
Quels remèdes aux étiques,
Aux poumoniques, et aux asthmatiques
Tu trouves à propos de donner.

LE BACHELIER

Clystère donner,
90 Puis saigner,

171

Ensuita purgare.

CHORUS

Bene, bene, bene, bene respondere :
Dignus, dignus est intrare
In nostro docto corpore.

QUARTUS DOCTOR

95 Super illas maladias,
Doctus bachelierus dixit maravillas,
Mais, si non ennuyo dominum præsidem,
Doctissimam Facultatem,
Et totam honorabilem
100 Companiam ecoutantem,
Faciam illi unam questionem :
De hiero maladus unus
Tombavit in meas manus ;
Habet grandam fievram cum redoublamentis,
105 Grandam dolorem capitis,
Et grandum malum au costé,
Cum granda difficultate
Et pena de respirare.
Veillas mihi dire,
110 Docte bacheliere,
Quid illi facere ?

BACHELIERUS

Clysterium donare,
Postea seignare,
Ensuita purgare.

QUINTUS DOCTOR

115 Mais si maladia,
Opiniatria,
Non vult se guarire,
Quid illi facere ?

BACHELIERUS

Clysterium donare,

Ensuite purger.

LE CHŒUR

Bien, bien, bien, bien répondu.
Digne, il est digne d'entrer
Dans notre docte corporation.

QUATRIÈME DOCTEUR

95 Sur toutes ces maladies
Le docte bachelier a dit des merveilles ;
Mais, si je n'ennuie pas le Seigneur Président,
La très docte Faculté,
Et toute l'honorable
100 Compagnie qui écoute,
Je lui ferai une seule question.
Hier un malade
Tomba dans mes mains ;
Il avait une grande fièvre avec des redoublements,
105 Une grande douleur de tête,
Et un grand mal au côté,
Avec une grande difficulté
Et peine à respirer :
Veux-tu me dire,
110 Docte bachelier,
Ce qu'il lui faut faire ?

LE BACHELIER

Clystère donner,
Puis saigner,
Ensuite purger

CINQUIÈME DOCTEUR

115 Mais si la maladie
Opiniâtre
Ne veut pas guérir,
Que lui faire ?

LE BACHELIER

Clystère donner,

173

120 Postea seignare,
  Ensuita purgare,
  Reseignare, repurgare et reclysterisare.

CHORUS

  Bene, bene, bene, bene respondere :
  Dignus, dignus est intrare
125 In nostro docto corpore.

PRÆSES

  Juras gardare statuta
  Per Facultatem præscripta,
  Cum sensu et jugeamento ?

BACHELIERUS

  Juro.

PRÆSES

130 Essere in omnibus
  Consultationibus
  Ancieni aviso,
  Aut bono,
  Aut mauvaiso ?

BACHELIERUS

135 Juro.

PRÆSES

  De non jamais te servire
  De remediis aucunis,
  Quam de ceux seulement doctæ Facultatis ;
  Maladus dût-il crevare
140 Et mori de suo malo ?

BACHELIERUS

  Juro.

PRÆSES

  Ego, com isto boneto
  Venerabili et docto,
  Dono tibi et concedo

174

120 Puis saigner,
   Ensuite purger
   Resaigner, repurger et clystère redonner.

LE CHŒUR

   Bien, bien, bien, bien répondu
   Digne, il est digne d'entrer
125 Dans notre docte corporation.

LE PRÉSIDENT

   Tu jures d'observer les statuts
   Prescrits par la Faculté
   Avec sens et jugement ?

LE BACHELIER

   Je jure.

LE PRÉSIDENT

130 D'être dans toutes
   Les consultations,
   De l'avis des anciens,
   Qu'il soit bon,
   Ou mauvais ?

LE BACHELIER

135 Je jure

LE PRÉSIDENT

   De ne jamais te servir
   D'aucuns remèdes
   Que de ceux seulement de la docte Faculté,
   Le malade dût-il crever
140 Et mourir de son mal ?

LE BACHELIER

   Je jure.

LE PRÉSIDENT

   Moi, avec ce bonnet
   Vénérable et docte,
   Je te donne et t'accorde

175

145 Virtutem et puissanciam
   Medicandi,
   Purgandis,
   Seignandi,
   Perçandi,
150 Taillandi,
   Coupandi,
   Et occidendi
   Impune per totam terram.

ENTRÉE DE BALLET

Tous les chirurgiens et apothicaires viennent lui faire la révérence en cadence.

BACHELIERUS

Grandes doctores doctrinæ,
De la rhubarbe et du séné,
Ce serait sans doute à moi chosa folla,
Inepta et ridicula,
5 Si j'alloibam m'engageare
Vobis louangeas donare,
Et entreprenoibam adjoutare
Des lumieras au soleillo
Et des etoilas au cielo,
10 Des ondas à l'Oceano
Et des rosas au printanno ;
Agreate qu'avec uno moto,
Pro toto remercimento,
Rendam gratiam corpori tam docto.
15 Vobis, vobis debeo
Bien plus qu'à naturæ et qu'à patri meo :
Natura et pater meus
Hominem me habent factum ;
Mais vos me, ce qui est bien plus,
20 Avetis factum medicum.

176

La vertu et la puissance
145 De médiciner,
De purger,
De saigner,
De percer,
De tailler,
150 De couper,
Et de tuer
Impunément par toute la terre.

TRADUCTION

LE BACHELIER

Grands docteurs de la doctrine,
De la rhubarbe et du séné
Ce serait sans doute à moi chose folle,
Inepte et ridicule,
5 Si j'allais m'engager
À vous donner des louanges,
Et si j'entreprenais d'ajouter
Des lumières au soleil,
Et des étoiles au ciel,
10 Des ondes à l'Océan,
Et des roses au printemps.
Agréez que d'un seul mouvement,
Pour tout remerciement,
Je rende grâce à une corporation si docte.
15 C'est à vous, à vous que je dois reconnaissance
Bien plus qu'à la nature et à mon père :
La nature et mon père
M'ont fait homme ;
Mais vous, ce qui est bien plus,
20 M'avez fait médecin,

177

Honor, favor, et gratia,
Qui in hoc corde que voilà,
Imprimant ressentimenta
Qui dureront in sæcula.

CHORUS

25 Vivat, vivat, vivat, cent fois vivat,
Novius doctor, qui tam bene parlat !
Mille, mille annis, et manget, et bibat,
Et seignet, et tuat !

ENTRÉE DE BALLET

Tous les chirurgiens et les apothicaires dansent au son des instruments et des voix, et des battements de mains, et des mortiers d'apothicaires.

CHIRURGUS

Puisse-t-il voir doctas
Suas ordonnancias
Omnium chirurgorum
Et apothiquarum
5 Remplire boutiquas !

CHORUS

Vivat, vivat, vivat, cent fois vivat,
Novius doctor, qui tam bene parlat !
Mille, mille annis, et manget, et bibat,
Et seignet, et tuat !

CHIRURGUS

10 Puissent toti anni
Lui essere boni
Et favorabiles,
Et n'habere jamais
Quam pesta, verolas,
15 Fievras, pluresias,
Fluxus de sang et dyssenterias.

178

Honneur, faveur, et grâce
Qui, dans le cœur que voilà,
Impriment des sentiments
Qui dureront dans les siècles.

LE CHŒUR

25 Qu'il vive, qu'il vive, qu'il vive, qu'il vive, cent fois qu'il vive,
Le nouveau docteur, qui parle si bien !
Pendant mille et mille ans, qu'il mange et qu'il boive,
Qu'il saigne et qu'il tue !

TRADUCTION

CHIRURGIEN

Puisse-t-il voir ses doctes
Ordonnances
De tous les chirurgiens
Et apothicaires
5 Remplir les officines

LE CHŒUR

Qu'il vive, qu'il vive, qu'il vive, qu'il vive, cent fois qu'il vive,
Le nouveau docteur, qui parle si bien !
Pendant mille et mille ans, qu'il mange et qu'il boive,
Qu'il saigne et qu'il tue !

CHIRURGIEN

10 Puissent toutes les années
Lui être bonnes
Et favorables,
Et n'avoir jamais
Que des pestes, des véroles,
15 Des fièvres, des pleurésies,
Des flux de sang et des dysenteries !

179

CHORUS

Vivat, vivat, vivat, vivat, cent fois vivat,
Novius doctor, qui tam bene parlat !
Mille, mille annis, et manget, et bibat,
Et seignet, et tuat !

DERNIÈRE ENTRÉE DE BALLET

*Des médecins, des chirurgiens et des apothicaires, qui sortent tous,
selon leur rang en cérémonie, comme ils sont entrés.*

J B. P. Molière

Acte III, scènes 13, 14 et Troisième Intermède.

COMPRÉHENSION

1. Comparez l'oraison funèbre de Béline (sc. 12) avec celle d'Angélique (sc. 13 et 14). Montrez qu'elles sont toutes deux construites sur le même modèle. Quel aspect du caractère d'Argan chacune des deux femmes met-elle en avant ?

2. Expliquez : « Après la perte [...] intentions » (sc. 14, ligne 12). Quelle est la décision que formule ainsi Angélique ?

3. Le dénouement est très rapide. Argan accepte Cléante mais l'accueille avec froideur. Quelle est l'idée fixe d'Argan ?

4. Par quelle remarque se conclut la scène 14 ? Ne pensez-vous pas que Molière a voulu ainsi faire une conclusion apaisante et insister sur le fait qu'il s'agit d'une comédie ? Justifiez.

5. Expliquez : « Chacun entre et prend ses places selon son rang » (Troisième intermède) en vous reportant p. 184.

LA MÉDECINE EN QUESTION

6. Que pensez-vous de l'idée de Béralde : « Faites-vous médecin vous-même » (sc. 14, ligne 43) ? Que cherche-t-il à faire en proposant cette solution ?

7. Quel proverbe est contredit par la remarque d'Argan : « Quoi ! l'on sait discourir sur les maladies quand on a cet habit-là » ?

8. Dans le Troisième Intermède, Molière insiste sur un reproche qu'il fait aux médecins de son temps. Lequel ?

LA MISE EN SCÈNE

9. Quels sont les problèmes que peut poser ce Troisième Intermède à un metteur en scène du XVIIᵉ siècle ? du XXᵉ siècle ? Vous justifierez votre réponse en utilisant vos connaissances sur le théâtre du XVIIᵉ siècle, et en lisant les p. 19 à 21.

10. Imaginez la mise en scène du Troisième Intermède. Comment se déroule la cérémonie d'après vous ? Comment Molière a-t-il pu la rendre burlesque ? Où se placent les personnages principaux ? Quelle est leur attitude ? Présentez les costumes, les accessoires... Vous vous aiderez de la documentation, p. 184 : « Être étudiant en médecine au XVIIᵉ siècle ».

11. À votre avis, quelle est l'attitude d'Argan tout au long de la cérémonie ? Quels sentiments peut-on lire sur son visage ? dans ses gestes ? Justifiez.

Questions sur l'ensemble de l'Acte III

LES PERSONNAGES

1. Tous les personnages sont maintenant entrés sur scène. Quel est celui qui a été présenté le dernier ? De quelle façon ? Comment apparaît-il ?

2. Comparez la situation finale à la situation initiale. Quels sont les événements qui ont permis aux personnages de contribuer au dénouement ? Chaque personnage a-t-il atteint son but ? À partir de vos observations, établissez un schéma des rapports entre les personnages aux différents temps forts de la pièce.

3. Quels sont les personnages qui ont mené « le jeu » ?

LE TEMPS, L'ESPACE ET LA MISE EN SCÈNE

4. Quelles sont les indications temporelles données par le texte et les didascalies ? À partir de votre relevé sur chacun des trois actes, établissez une grille du temps dans *le Malade imaginaire*.

5. Dans la réalité, quelle serait la durée de chacune des scènes ? Correspond-elle au temps de présence des personnages sur scène ?

6. Que s'est-il passé entre les deux actes ? Combien de temps s'est-il écoulé ? Quels sont les événements qui se sont produits pendant la présence des personnages sur scène ? Quels sont ceux qui font l'objet de récit ou simplement d'allusion de la part des personnages ?

7. Quelles sont les indications supplémentaires que l'on a sur les lieux dans l'acte III ? À partir de votre relevé sur chacun des trois actes, établissez une grille de l'espace dans *le Malade imaginaire*.

8. Quels sont les lieux le plus souvent occupés pour chacune des scènes de l'acte III ?

LE COMIQUE

9. Comment Molière soutient-il l'intensité comique dans l'acte III ? Étudiez la diversité de son invention à créer des situations comiques. Argumentez et donnez des exemples.

10. La farce est un genre comique que Molière affectionnait particulièrement, et le sujet du *Malade imaginaire* s'y prête bien. Relevez les passages où le ton est excessif dans ce dernier acte.

11. *Le Malade imaginaire* est une comédie. Justifiez cette affirmation. Argumentez votre réponse et illustrez-la à l'aide d'exemples tirés de l'œuvre.

Documentation thématique

Être étudiant en médecine
au XVIIe siècle, p. 184

Malades
des médecins ? p. 191

Être étudiant en médecine au XVIIᵉ siècle

À l'époque de Molière, les études de médecine duraient trois ans et étaient sanctionnées par des examens en fin de scolarité. Les cours et les leçons se répartissaient en deux semestres inégaux : le **grand ordinaire**, de la Saint-Luc (mi-octobre) à Pâques, et le **petit ordinaire**, de Pâques à juillet. La Faculté était fermée le mercredi, considéré comme le jour consacré à Hippocrate, le dimanche et au moment des grandes fêtes religieuses. Les étudiants bénéficiaient de quinze jours de vacances à Noël, trois jours pour le Carnaval, quinze jours à Pâques et, enfin, de grandes vacances qui duraient de juillet à la Saint-Luc.

Comment se passaient les cours ?

Les professeurs devaient assurer un cours (environ quarante heures) dans chaque ordinaire. Il fallait cependant tenir compte des saisons. Ainsi, les leçons d'anatomie ou de chirurgie et les dissections avaient lieu en hiver, les cours de botanique ou de chimie en été.

Les programmes étaient étalés sur trois ans, chaque professeur ne pouvant refaire la même leçon avant ce délai. Les étudiants suivaient donc tous le même enseignement, qui se trouvait automatiquement achevé quand ils avaient terminé leurs trois années de scolarité.

Les sujets des cours ont bien sûr varié au fil des siècles, en fonction des conceptions nouvelles de la médecine. En général, au XVIIe siècle, on devait étudier, dans une première étape, une région du corps : la tête, le thorax, l'abdomen ou encore le ventre inférieur. Certains cours étaient consacrés, pour une même région, aux maladies internes ou aux maladies externes.

Déjà, des spécialités existaient : l'étude des fièvres, la gynécologie, la pédiatrie, les maladies vénériennes, l'examen des urines, la dermatologie, et aussi l'hygiène, les maladies rhumatismales, l'ophtalmologie, les maladies du foie, de la rate...

Les examens au cours des études

Les examens comprenaient plusieurs épreuves : baccalauréat, *per intentionem*, points rigoureux, licence, triduanes et doctorat.
● *Le baccalauréat* : à l'issue de 3 années d'études, une première épreuve se déroulait à huis clos pour éviter au candidat la honte d'un échec public, et une seconde, publique cette fois, permettait au candidat de soutenir sa **thèse** qui était parfois imprimée :

Les sujets abordés portent sur les parties classiques de la médecine : anatomie, physiologie, chimie, médecine, chirurgie, thérapeutique, avec parfois accouplement de deux des sujets. Ceux-ci sont présentés la plupart du temps sous forme de questions. L'étudiant répond en reprenant les termes de la question qu'il approuve ou qu'il contredit. [...]

Sur la première page figure le titre avec tous les renseignements concernant la soutenance. Très souvent au verso, parfois à la dernière page, on voit la liste des professeurs de l'École par ordre d'ancienneté [...].

Le texte lui-même est précédé d'une dédicace mais elle ne s'adresse qu'à une seule personne, en général un personnage illustre, prêtre ou laïc, dame de qualité parfois. Ces dédicaces traduisent souvent un sentiment de reconnaissance mais parfois aussi certaines ambitions [...]. Ces dédicaces utilisent des formules pompeuses comme on savait en tourner alors. Elles s'étalent sur plusieurs pages et, si l'on en a les moyens, on les fait précéder d'une lithographie représentant les armes du personnage qu'on veut honorer [...].

Ce n'est qu'après tous ces préliminaires qu'on arrive enfin à la thèse proprement dite. Elle peut ne contenir que quelques pages, au minimum quatre. Elles sont parfois agrémentées de dessins dans le texte lui-même, mais très rarement [...].

Mais il faut aussi parler des « divertissements » littéraires et poétiques qui, pour les thèses de concours, agrémentent ces tributs académiques. Ce sont des épigrammes, des anagrammes, des odes, des élégies, des distiques, des acrostiches, etc. Le tout en vers latins, quelquefois français [...].

Cette formation latine ou grecque qui apparaît dans les vers des étudiants se retrouve également dans les formules consacrées qui figurent sur chaque couverture. Les termes employés pour désigner l'École s'inspirent nettement de l'Antiquité : Académie, Lycée, Temple d'Esculape, Temple d'Apollon, etc.

Louis Dulieu,
la Médecine à Montpellier, tome 3,
Les Presses universelles, Avignon, 1983.

À l'issue de cet acte, le nouveau bachelier revêtait la robe en drap rouge à grandes manches et un petit capuchon. Il continuait ensuite à suivre des **cours**, tout en faisant un stage pratique de six mois chez un médecin de la région.

● *L'examen « per intentionem »* se déroulait ainsi : l'étudiant devait répondre, en l'espace d'un mois, à quatre questions posées par quatre professeurs différents ; il devait aussi examiner un malade, donner un diagnostic et proposer une thérapeutique.

● *Les triduanes*, entre la licence et le doctorat, reprenaient l'épreuve précédente : l'étudiant devait soutenir six questions durant trois jours, le matin et le soir.

● *Les points rigoureux :* le candidat devait répondre à une question à partir des œuvres d'Hippocrate ou de Galien, puis il était interrogé sur toutes les parties de la médecine.

● *La licence* était délivrée à la fois par l'évêque et la Faculté. Ce n'était qu'une cérémonie majestueuse à l'issue de laquelle le candidat abandonnait la robe rouge de bachelier pour la robe noire.

● *Le doctorat*, enfin, réunissait l'Université tout entière dans la Salle des Actes, chacun occupant une place définie par l'étiquette, pour une cérémonie grandiose :

L'impétrant, en robe noire de licencié, s'agenouille devant le professeur qu'il a choisi pour parrain et prête serment entre ses mains. Le parrain l'invite alors à le suivre jusqu'à la chaire professorale afin de lui remettre les insignes de son nouveau grade à savoir le bonnet carré, la bague d'or et la ceinture dorée. Il lui présente ensuite un livre d'Hippocrate afin de lui rappeler qu'il doit toujours considérer cet auteur comme son maître. Après quoi, il le fait asseoir à côté de lui afin qu'il prenne à son tour possession de la chaire, puis, s'étant levé, il lui donne l'accolade d'abord, sa bénédiction ensuite. Le nouveau docteur prononce alors un discours de remerciements.

Louis Dulieu,
(ouvrage cité).

Le prix du diplôme

Pour chacun de ses examens, l'étudiant recevait un diplôme : les lettres. C'était de véritables parchemins, d'abord manuscrits avec des initiales enluminées ou ornées, puis imprimés. Ils comportaient des blancs qui permettaient de tracer en lettres d'or les renseignements concernant le candidat et son examen. Un sceau de cire rouge était apposé au bas de ce diplôme, avec les armes de celui qui avait établi le parchemin.

Les statuts de la faculté de médecine de Montpellier montrent qu'en 1634 les études et examens coûtaient cher (voir p. 41-42) :

— immatriculation : 4 livres
— baccalauréat : 22 livres
— cours et *per intentionem* : 30 livres
— points rigoureux : 21 livres
— licence : 12 livres + 30 sous pour les cierges
— triduanes : 50 livres
— doctorat : 30 livres + 10 sous

Soit, au total, plus de 169 livres.

Le serment d'Hippocrate

Philosophe et médecin grec né en 460 av. J.-C. dans l'île de Cos proche de l'Asie Mineure, Hippocrate est considéré comme le « Père de la Médecine ». Il en a énoncé les deux grands principes : observation rigoureuse des faits et morale irréprochable au service du prochain. Dans le célèbre *Serment*, d'une étonnante modernité, il a fixé le code déontologique toujours en vigueur dans la profession.

Je jure par Apollon médecin, Asklépios, Hygéia et Panaléia, prenant à témoin tous les dieux et toutes les déesses, d'accomplir selon mon pouvoir et mon jugement ce serment et cet engagement écrit.

Je jure de considérer à l'égard de mes parents celui qui m'aura enseigné l'art de la médecine ; de partager avec lui ma subsistance et de pourvoir à ses besoins s'il est dans la nécessité ; de regarder ses fils comme des frères et s'ils veulent étudier cet art de le leur apprendre sans salaire ni contrat ; de communiquer les préceptes généraux, les leçons orales et tout le reste de la doctrine à mes fils, à ceux de mon maître et aux disciples enrôlés et assermentés suivant la loi médicale, mais à aucun autre.

Je ferai servir le régime diététique à l'avantage des malades, selon mon pouvoir et mon jugement, pour leur dommage et leur mal... non. Et je ne donnerai pas, quiconque m'en prierait, une drogue homicide ni ne prendrai l'initiative de pareille suggestion ; de même, je ne donnerai à aucune femme un pessaire abortif.

Par la chasteté et la sainteté, je sauvegarderai ma vie et ma profession, je ne taillerai pas les calculeux et je laisserai cette pratique à des professionnels. En quelque maison que je doive entrer je m'y rendrai pour l'utilité des malades évitant tout méfait volontaire et corrupteur et très particulièrement les entreprises lascives sur le corps des femmes ou des hommes qu'ils soient libres ou esclaves.

Aujourd'hui, les études de médecine se déroulent en trois cycles : un 1er cycle d'enseignement des sciences fondamentales qui dure 2 ans et qui sélectionne les candidats sur concours dès la 1re année ; un 2e cycle de 4 années, axé sur les sciences purement médicales (sémiologie, pathologie, thérapeutique...) ; un 3e cycle correspondant à une formation pratique et spécialisée auquel on accède à l'issue d'un concours. Un serment écrit en langage plus moderne et tenant compte de l'évolution des pratiques médicales, est prêté à l'occasion de la soutenance de thèse de docteur en médecine.

Caricature d'un malade imaginaire
par Honoré Daumier (1808-1879),
Bibliothèque nationale.

Malades des médecins ?

Aujourd'hui, plus personne ne songerait à traiter de « malade imaginaire » quelqu'un atteint de troubles psychosomatiques. Ces derniers sont en réalité les souffrances des êtres qui se sentent, comme on dit, « mal dans leur peau ». Mais, comme dans la pièce de Molière, certains médecins peuvent être tentés de tirer profit de ces patients, comme dans *les Deux Médecins de Tolède*, soit en ayant recours à un langage spécialisé et incompréhensible (comme le docteur Collyrus dans *la Vocation d'Agénor*), soit en entretenant l'inquiétude du malade (comme le fameux Dr Knock). Heureusement, nous ne sommes plus au XVIIe siècle où, de toute façon, le Dr Tant-pis et le Dr Tant-mieux avaient l'un et l'autre raison quand le malade était mort !

L'hypocondrie, d'abord une maladie de l'âme

Les deux textes suivants sont extraits d'ouvrages destinés aux médecins. Le premier explique l'origine et l'évolution du mot « hypocondrie ». Le second décrit de manière scientifique quelques comportements observés chez les hypocondriaques.

Le terme d'hypocondrie dérive de la conception qu'avait l'Antiquité des états dépressifs. Jusqu'au XVIIIe siècle ils étaient considérés comme dus à un excès de bile noire (d'où le nom de mélancolie). Les exhalaisons de cette bile provoquaient dans le cerveau des symptômes dépressifs. La bile noire était censée se former dans les hypocondres (d'où le nom d'hypocondrie) parfois à gauche dans la rate (d'où le mot anglais de *spleen* servant à désigner une variété spéciale d'état dépressif). À partir du début du XIXe siècle le sens du terme s'est restreint à un syndrome caractérisé par une vue péjorative qu'a le malade sur sa propre santé physique.

P. Pichot, J. D. Guelfi, C. Hakim,
la Personnalité, tome 3 : Pathologie,
Paris, Roche Dacosta, 1973.

L'hypocondriaque analyse constamment le fonctionnement de son corps. La digestion est son centre d'intérêt principal avec une surveillance des ingestions et de leurs conséquences : les excrétions. La langue chargée, l'estomac ballonné, les éructations, les gaz, la constipation sont le lot de ces pseudo-dyspeptiques. Vient ensuite l'étude de la fonction cardiaque avec la prise du pouls, de la tension, les sensations de pesanteur précordiales, les palpitations ; puis l'étude de la fonction respiratoire avec la toux, les sécrétions nasales, le blocage des poumons, les points de côté. Les fonctions urinaires et génitales ont aussi leur importance avec la surveillance de la couleur des urines, de leur quantité [...] sans compter les céphalées, les maux d'oreilles ou de gorge. À l'extrême, l'hypocondriaque s'installe dans une surveillance incessante de l'organe atteint au niveau duquel la sensation est immédiatement interprétée sur un mode pathologique : il en fait une description toujours imagée, riche en détails, dont l'horreur contraste avec sa sérénité apparente [...].

Dès l'adolescence, l'hypocondriaque se reconnaît à ses réactions exagérées au moindre bobo, au moindre rhume.

Marie-José Cottereau,
les Névroses, Sandoz Édition, 1975.

Voici le début d'une courte nouvelle de Maupassant, un écrivain du XIXe siècle. C'est l'histoire d'un certain M. Panard qui, pour échapper aux maladies, décide d'aller dans le Midi. Trouvera-t-il là-bas la santé ? Non, car, lui aussi est un malade « imaginaire », et surtout très imaginatif...

M. Panard était un homme prudent qui avait peur de tout dans la vie. Il avait peur des tuiles, des chutes, des fiacres, des chemins de fer, de tous les accidents possibles, mais surtout des maladies.

Il avait compris, avec une extrême prévoyance, combien notre existence est menacée sans cesse par tout ce qui nous entoure. La vue d'une marche le faisait penser aux entorses, aux bras et aux jambes cassés, la vue d'une vitre aux affreuses blessures par le verre, la vue d'un chat, aux yeux crevés ; et il vivait avec une prudence méticuleuse, une prudence réfléchie, patiente, complète.

Il disait à sa femme, une brave femme qui se prêtait à ses manies : « Songe, ma bonne, comme il faut peu de chose pour estropier ou pour détruire un homme. C'est effrayant d'y penser. On sort bien portant ; on traverse une rue, une voiture arrive et vous passe dessus ; ou bien on s'arrête cinq minutes sous une porte cochère à causer avec un ami ; et on ne sent pas un petit courant d'air qui vous glisse le long du dos et vous flanque une fluxion de poitrine. Et cela suffit. C'en est fait de vous. »

Il s'intéressait d'une façon particulière à l'article *Santé publique*, dans les journaux ; il connaissait le chiffre normal des morts en temps ordinaire, suivant les saisons, la marche et les caprices des épidémies, leurs symptômes, leur durée probable, la manière de les prévenir, de les arrêter, de les soigner. Il possédait une bibliothèque médicale de tous les ouvrages relatifs aux traitements mis à la portée du public par les médecins vulgarisateurs et pratiques.

Il avait cru à Raspail, à l'homéopathie, à la médecine dosimétrique, à la métallothérapie, à l'électricité, au massage, à tous les systèmes qu'on suppose infaillibles, pendant six mois, contre tous les maux. Aujourd'hui, il était un peu revenu de sa confiance, et il pensait avec sagesse que le meilleur moyen d'éviter les maladies consiste à les fuir.

Guy de Maupassant,
Voyage de santé, Classiques Juniors, Larousse, 1987.

Quelques médecins profiteurs

Agénor vient d'obtenir son diplôme de médecin généraliste. Pour obéir aux vœux de sa famille, il doit désormais quitter Paris et prendre la succession d'un médecin de campagne dans sa province natale. Mais l'avenir lui apparaît alors bien fade. Il envisage donc de se faire au plus vite une situation, à Paris, et pour cela de se spécialiser. Après de nombreuses hésitations, il oriente son choix vers l'ophtalmologie, et se rend chez l'éminent docteur Collyros.

Sans préambule, j'exposai ma requête au célèbre oculiste : m'autoriser à fréquenter sa clinique de la rue Saint-André-des-Arts, puis, j'ajoutai timidement :
— « Mes parents, qui ont déjà fait de gros sacrifices pour me pousser jusqu'au doctorat, ne pourront pas les continuer longtemps ; croyez-vous, cher Maître, qu'en travaillant bien, six mois pourraient suffire ?... »
Collyros m'interrompit en éclatant de rire :
— Six mois, dites-vous ? Ô ! sainte candeur de la jeunesse ! Mais, en six mois, cher Monsieur, vous auriez le temps de préparer à la fois le concours des hôpitaux et l'agrégation d'ophtalmologie ! Vous voulez faire un praticien, n'est-ce pas ? Eh bien ! accordez-moi un quart d'heure d'attention et vous saurez, au bout de ces

quinze minutes, tout ce qu'il est nécessaire de savoir pour exercer convenablement l'oculistique.

Il dit, me tendit un cigare bagué d'or et, se renversant dans son fauteuil, commença la leçon en ces termes :

— Procédons avec ordre et méthode. D'abord l'anatomie. Elle est simple. Considérez une prune mirabelle : elle a le volume du globe oculaire. La queue représente le nerf optique. Au pôle opposé, enlevez une calotte par une section verticale et remplacez-la par un petit verre de montre : ce sera la cornée. Derrière ce verre, placez un diaphragme d'appareil photographique et vous aurez l'iris. Supposez que la partie charnue de votre prune soit fluide, elle figurera le corps vitré ; avancez un peu le noyau, il représentera le cristallin [...].

L'histologie ? Complètement inutile [...].

La physiologie ? Elle n'est pas encore fixée. Le principal phénomène de la vision est l'accommodation, n'est-ce pas ? Eh bien ! les variations du cristallin qui la commandent sont expliquées par deux théories différentes et complètement opposées, celle d'Helmholtz et celle de Tscherning. Attendons, pour l'étudier, que l'on ait accordé ces messieurs et, puisque vous êtes pressé, abordons tout de suite la partie pratique, c'est-à-dire, la pathologie et la thérapeutique [...].

Les affections de la cornée ne s'appellent pas des cornéites, comme vous seriez tenté de le croire, mais bien des kératites et c'est ce qu'il y a de plus difficile à retenir. À moins d'avoir reçu un coup de parapluie dans l'œil, on ne sait généralement pas comment elles se produisent. Vous pouvez les traiter indifféremment par les pommades jaune, rouge ou blanche, en observant, cependant, ce précepte essentiel : prescrire toujours une pommade d'une couleur différente de celle ordonnée par le confrère précédemment consulté [...].

Et encore, vous pouvez vous contenter d'un seul

remède, la dionine, qui est [...] à la fois : analgésique, anesthésique, vasodilatatrice, lymphagogue, hémostatique et... drastique oculaire, et (qui) fait merveille dans les conjonctivites, les ulcères, les kératites, les hémorragies, les troubles du vitré, le glaucome [...].

Et vous me faites songer à vous recommander d'acheter un dictionnaire des termes médicaux car, en médecine, moins l'on guérit et plus on parle et plus un phénomène est simple, plus extraordinaire est le mot que l'on invente pour le désigner. Sur ce point-là, les aliénistes seuls battent les oculistes.

[...] Quand vous verrez qu'un iris tremblote parce qu'il n'y a plus de cristallin derrière lui, n'allez pas dire, comme le premier galfâtre venu : il y a du tremblement de l'iris, tout le monde pourrait vous comprendre ; mais dites : je constate de l'iridodonésis. N'oubliez pas le redoublement, surtout, *do-do* fait riche dans la perspective.

Et Collyros se leva pour me montrer que la leçon était terminée.

> Marcelin Gilbert, « La Vocation d'Agénor »,
> *19 Histoires de médecine,* Nantes, Durance éd., 1937.

Samivel (né en 1907) emprunte aujourd'hui au style de La Fontaine pour montrer comment certains médecins font la fortune des apothicaires (les potards, en argot) en cultivant la mort plutôt que la santé de leurs patients.

au Docteur Robert G.

Deux médecins exerçaient dans... Tolède.
L'un ordonnait toujours force remèdes
coûtant fort cher, et vains pour la plupart,
mais assurant la santé du Potard.

L'autre au contraire, bonhomme rétrograde,
en savait trop pour droguer ses malades
et s'efforçait d'obtenir guérison
par la nature et la droite raison.
Ces drogues-là n'étaient jamais bien chères
tandis que l'autre en tirait mille affaires.
Et maintenant, quel est à votre avis
celui des deux que la foule suivit ?
Lequel des deux, Messieurs, on le demande,
eut pour finir — je ne dis pas l'argent,
remarquez-le — mais le respect des gens ?
Hé, bien sûr, le morticole à prébendes !
Carabins ! Voulez-vous un secret merveilleux,
d'un brillant avenir et le gage et la source ?
PRIMUM SEIGNARE... la bourse.
On vous prendra au sérieux.

> Samivel, « les Deux médecins de Tolède »,
> *Chapeaux pointus*, II, 48, Stock.

Le verdict de l'auscultation

Knock a succédé au vieux Dr Parpalaid. Il doit reconquérir sa
clientèle et y met beaucoup de « tact ».

KNOCK.   [...] De quoi souffrez-vous ?

LE TAMBOUR.   Attendez que je réfléchisse ! *(Il rit.)*
Voilà. Quand j'ai dîné, il y a des fois que je sens une
espèce de démangeaison ici. *(Il montre le haut de son
épigastre.)* Ça me chatouille, ou plutôt, ça me
grattouille.

KNOCK, *d'un air de profonde concentration.*

197

Attention. Ne confondons pas. Est-ce que ça vous chatouille, ou est-ce que ça vous grattouille ?

LE TAMBOUR. Ça me grattouille. *(Il médite.)* Mais ça me chatouille bien un peu aussi.

KNOCK. Désignez-moi exactement l'endroit.

LE TAMBOUR. Par ici.

KNOCK. Par ici... où cela, par ici ?

LE TAMBOUR. Là. Ou peut-être là... Entre les deux.

KNOCK. Juste entre les deux ?... Est-ce que ça ne serait pas plutôt un rien à gauche, là, où je mets mon doigt ?

LE TAMBOUR. Il me semble bien.

KNOCK. Ça vous fait mal quand j'enfonce mon doigt ?

LE TAMBOUR. Oui, on dirait que ça me fait mal.

KNOCK. Ah ! ah ! *(Il médite d'un air sombre.)* Est-ce que ça ne vous grattouille pas davantage quand vous avez mangé de la tête de veau à la vinaigrette ?

LE TAMBOUR. Je n'en mange jamais. Mais il me semble que si j'en mangeais, effectivement, ça me grattouillerait plus.

KNOCK. Ah ! ah ! très important. Ah ! ah ! Quel âge avez-vous ?

LE TAMBOUR. Cinquante et un, dans mes cinquante-deux.

KNOCK. Plus près de cinquante-deux ou de cinquante et un ?

LE TAMBOUR, *il se trouble peu à peu.* Plus près de cinquante-deux. Je les aurai fin novembre.

KNOCK, *lui mettant la main sur l'épaule.* Mon ami, faites votre travail aujourd'hui comme d'habitude. Ce soir, couchez-vous de bonne heure. Demain matin, gardez le lit. Je passerai vous voir. Pour vous, mes visites seront gratuites. Mais ne le dites pas. C'est une faveur.

LE TAMBOUR, *avec anxiété.* Vous êtes trop bon, docteur. Mais c'est donc grave, ce que j'ai ?

KNOCK. Ce n'est peut-être pas encore très grave. Il était temps de vous soigner. Vous fumez ?

LE TAMBOUR, *tirant son mouchoir.* Non, je chique.

KNOCK. Défense absolue de chiquer. Vous aimez le vin ?

LE TAMBOUR. J'en bois raisonnablement.

KNOCK. Plus une goutte de vin. Vous êtes marié ?

LE TAMBOUR. Oui, docteur.
Le Tambour s'essuie le front.

KNOCK. Sagesse totale de ce côté-là, hein ?

LE TAMBOUR. Je puis manger ?

KNOCK. Aujourd'hui, comme vous travaillez, prenez un peu de potage. Demain, nous en viendrons à des restrictions plus sérieuses. Pour l'instant, tenez-vous-en à ce que je vous ai dit.

LE TAMBOUR *s'essuie à nouveau.* Vous ne croyez pas qu'il vaudrait mieux que je me couche tout de suite ? Je ne me sens réellement pas à mon aise.

KNOCK, *ouvrant la porte.* Gardez-vous en bien ! Dans votre cas, il est mauvais d'aller se mettre au lit entre le lever et le coucher du soleil. Faites vos annonces comme si de rien n'était, et attendez tranquillement jusqu'à ce soir.
Le Tambour sort. Knock le reconduit.

Jules Romains,
Knock, ou le Triomphe de la médecine,
II, 1, Gallimard, 1924.

Lorsque deux médecins confrontent leurs opinions...

Le médecin Tant-pis allait voir un malade
Que visitait aussi son confrère Tant-mieux.
Ce dernier espérait, quoique son camarade
Soutînt que le gisant irait voir ses aïeux.
Tous deux s'étant trouvés différents pour la cure,
Leur malade paya le tribut à nature,
Après qu'en ses conseils Tant-pis eut été cru.
Ils triomphaient encor sur cette maladie.
L'un disait : « Il est mort ; je l'avais bien prévu.
— S'il m'eût cru, disait l'autre, il serait plein de vie. »

Jean de La Fontaine, « les Médecins »
Fables, livre V, 12, 1668.

Annexes

L'œuvre dans le répertoire
de Molière, p. 202

Variante, p. 203

La langue de Molière, p. 205

L'esthétique
de la comédie-ballet, p. 209

Molière, la pièce
et les critiques, p. 212

Avant ou après la lecture, p. 218

Bibliographie et discographie, p. 227

L'œuvre
dans le répertoire
de Molière

Certains critiques ont trouvé des sources possibles pour quelques scènes du *Malade* dans deux ou trois comédies de l'époque. Les rapprochements hypothétiques ne concernent toutefois que des points de détail, et Molière a puisé l'essentiel de son inspiration dans son propre répertoire théâtral : les Diafoirus et M. Purgon ont pour ancêtres les médecins tantôt cupides et cyniques, tantôt naïfs et bornés, mais toujours parfaitement ignorants, de *l'Amour médecin* (1665) et de *Monsieur de Pourceaugnac* (1669). Toinette semble avoir pris l'idée de se travestir en médecin à Sganarelle, dans *Dom Juan* (1665) ou *le Médecin malgré lui* (1666). Argan, le père de famille égoïste qui entend se trouver un gendre servant ses intérêts, au mépris des sentiments de sa fille, est bâti sur le modèle d'Orgon (*Tartuffe*, 1664-1669), d'Harpagon (*l'Avare*, 1668) et de M. Jourdain (*Le Bourgeois gentilhomme*, 1670). Enfin, la structure même de la pièce s'apparente nettement à celle du *Bourgeois gentilhomme*, l'un des plus grands succès de Molière auprès du public.

Variante

Lors de la reprise de l'œuvre (après la mort de Molière), le 4 mai 1674, « le grand prologue » qui faisait allusion aux « exploits » de 1672 fut remplacé par « le petit prologue ». L'accent est mis sur la satire médicale.

AUTRE PROLOGUE

Le théâtre représente une forêt.
L'ouverture du théâtre se fait par un bruit agréable d'instruments. Ensuite une Bergère vient se plaindre tendrement de ce qu'elle ne trouve aucun remède pour soulager les peines qu'elle endure. Plusieurs Faunes et Ægipans, assemblés pour des fêtes et des jeux qui leur sont particuliers, rencontrent la Bergère. Ils écoutent ses plaintes et forment un spectacle très divertissant.

PLAINTE DE LA BERGÈRE

Votre plus haut savoir n'est que pure chimère,
*   Vains et peu sages médecins ;*
Vous ne pouvez guérir par vos grands mots latins
*   La douleur qui me désespère :*
Votre plus haut savoir n'est que pure chimère.

*   Hélas ! je n'ose découvrir*
*   Mon amoureux martyre*
*   Au berger pour qui je soupire,*
*   Et qui seul peut me secourir.*
*   Ne prétendez pas le finir,*
Ignorants médecins, vous ne sauriez le faire :
Votre plus haut savoir n'est que pure chimère.

Ces remèdes peu sûrs dont le simple vulgaire
Croit que vous connaissez l'admirable vertu,
Pour les maux que je sens n'ont rien de salutaire ;
Et tout votre caquet ne peut être reçu
    Que d'un Malade imaginaire.
Votre plus haut savoir n'est que pure chimère,
    Vains et peu sages médecins ;
Vous ne pouvez guérir par vos grands mots latins
    La douleur qui me désespère ;
Votre plus haut savoir n'est que pure chimère.

Le théâtre change et représente une chambre.

La langue de Molière

Position du classicisme

Sous le règne de Louis XIV, la vie culturelle et sociale est encore profondément pénétrée par l'esprit baroque, et le triomphe du paraître se traduit aussi bien dans la mise en scène des fêtes royales de Versailles, ou dans le modèle que les moralistes proposent de l'honnête homme, que dans l'organisation même d'une société « théâtralisée » à l'extrême. Quant à l'humanisme du siècle précédent, il n'est rejeté en bloc que par quelques-uns, et la plupart des théoriciens du classicisme continuent à goûter les vers de Ronsard et les œuvres des poètes latins. Il n'en reste pas moins que le classicisme, théorisé avant même qu'il ne trouve une expression littéraire, « n'apparaît avec toute sa force et son relief que si nous y voyons une prise de position, à la fois concrète et précise, en face des problèmes de l'époque, en face de l'Antiquité, en face de la poésie de Ronsard et des humanistes, en face du baroque, en face de Malherbe ». (Antoine Adam, *Littérature française. L'âge classique*, tome 1, Arthaud, 1968.)

Langue classique, langue tragique

En réaction à une esthétique de la profusion, les classiques définissent un art de l'épure : la concentration de l'espace, du temps et de l'action sur la scène tragique va de pair avec une réduction notable du champ lexical. L'écriture des tragédies de Corneille et de Racine, qui ne « fonctionnent » qu'avec un registre de quelques centaines de mots, ou celle des *Maximes* de La Rochefoucauld réalisent une performance en ce sens que la multitude des significations découle de l'agencement d'un nombre extrêmement restreint de signes. C'est que le mot — simple abstraction sans densité émotionnelle, entraîné dès sa naissance dans le flux d'un discours ordonné — ne trouve forme et signification que dans l'unité supérieure, phrase ou vers, à laquelle il se subordonne. Ainsi, à l'ensemble fini des mots, en quantité nécessaire et suffisante, correspond l'ensemble infini des rapports, seuls porteurs de sens et de beauté. Seuls donnés à voir.

Un type de comique verbal

Dans le théâtre de Molière, les personnages ne sont ni des héros, comme chez Corneille ou Racine, ni des essences, comme chez La Rochefoucauld, mais des êtres qui parlent le langage de leur condition. Il en résulte un foisonnement de vocabulaires particuliers qui, à une époque où la société est si étroitement cloisonnée, indiquent très précisément l'appartenance de ceux qui les emploient à telle ou telle catégorie socioculturelle.

Parfois, le recours systématique à un lexique d'emprunt donne naissance à une langue étrangère : celle des précieuses (dans *les Précieuses ridicules*) ou du notaire (dans *l'École des femmes*). Mais il s'agit là d'un cas extrême. Le plus souvent, un mot ou une tournure pittoresques font irruption et interrompent, le temps d'un « accident sonore ou sémantique » (Roland Barthes, « Y a-t-il une écriture poétique ? », in *le Degré zéro de l'écriture,* le Seuil, coll. « Points », 1972), la fluidité du discours, créant ainsi un effet de distorsion. C'est là un des principaux ressorts du comique verbal de la comédie moliéresque. Prenons l'exemple du compliment que Thomas Diafoirus adresse à Angélique, à la scène 5 de l'acte II du *Malade imaginaire*. Malgré une lourdeur rhétorique évidente, le jeune homme ne sortirait pas vraiment du registre de la galanterie, dicté par la circonstance, s'il s'en tenait aux métaphores d'usage (« soleil de vos beautés », « astres res-

plendissants de vos yeux adorables », « autel de vos charmes »),
mais il dérape très vite sur « la fleur nommée héliotrope ».
L'attention de l'auditoire (scénique et extra-scénique) est alors
tout entière captée par un mot qui, dans une déclaration
d'amour, choque autant par sa sonorité que par sa connotation
scientifique. Un peu plus loin, Thomas Diafoirus donne le
coup de grâce avec le très archaïque « doresenavant », qu'il
articule par un surcroît de pédantisme archaïque « dores-en-
avant ». À ce moment précis, la circulation du discours est
stoppée d'une manière aussi nette que définitive : quand bien
même Thomas poursuivrait-il ses galanteries sur le ton le plus
juste, Angélique et les spectateurs resteraient sous le choc de
ces quatre syllabes.

Ces quelques remarques nous permettent d'opposer for-
mellement le fonctionnement de la langue tragique à celui
d'un type essentiel de comique verbal : ici, le mot tend à
disparaître au profit des rapports, pour que ressorte la seule
armature du discours ; là, il s'affiche dans toute son impertinence, canalise l'attention sur lui et casse par là même le
mouvement intelligible de la pensée. Il crée le mouvement
comique en interrompant le mouvement discursif.

Langue et automatisme

Parfois, la discordance ne vient pas du choix d'un mot
incongru mais de toute une organisation discursive inadaptée
à la situation. Revenons encore à la scène 5 de l'acte II, la
plus importante du *Malade imaginaire* par sa longueur et sans
doute aussi par son contenu. Pour faire la meilleure impression
possible sur Argan et les siens lors de cette première rencontre,
qui doit décider de l'alliance des deux familles, les Diafoirus
exécutent un numéro réglé d'avance : M. Diafoirus donne le
coup d'envoi, Thomas débite aussitôt ses compliments en
s'interrompant de temps à autre pour chercher l'acquiescement
de son père et interroger celui-ci sur la marche à suivre

(« *N'est-ce pas par le père qu'il faut commencer ?* », « *Baiserai-je ?* », « *Attendrai-je... ?* »), puis M. Diafoirus conclut par un long discours dans lequel il vante les diverses qualités de son fils. Les deux docteurs ne font là que reproduire le protocole en vigueur dans « les Écoles » et plus particulièrement à la Faculté de médecine. Celui-ci apparaît d'autant plus rigide et sclérosé qu'il est appliqué à la lettre par deux automates. Au moindre imprévu, la mécanique se dérègle : Béline étant absente lors de l'arrivée des Diafoirus, Thomas adresse à Angélique le compliment préparé pour la belle-mère, et, quand à la scène suivante celle-ci paraît enfin et le coupe « *au milieu de [sa] période* », il lui est impossible de reprendre le fil de ses idées. Jusqu'ici maîtrisée, la machine s'enraie et prend le pas sur l'humain. Nous touchons là l'une des ressources essentielles du comique, sinon son fondement même : « du mécanique plaqué sur du vivant ». (Henri Bergson, *le Rire*, P.U.F., 1978.)

L'esthétique
de la comédie-ballet

Problème de définition

En marge des deux grands genres théâtraux dont les théoriciens classiques ont fixé les canons, la comédie-ballet pose un problème de définition. En effet, seul *le Bourgeois gentilhomme* porte la mention « comédie-ballet » dans l'édition originale. Quant aux quelque quinze autres pièces qui, des *Fâcheux* au *Malade imaginaire*, sont couramment rangées sous cette appellation, elles sont loin de former un ensemble cohérent. Faute de pouvoir établir des critères littéraires formels susceptibles de définir des œuvres aussi diverses, il convient de restituer celles-ci dans le cadre et les circonstances de leur création.

Destination et environnement

La destination et les conditions de représentation de la comédie-ballet étaient bien particulières : commandée par le roi pour servir à ses plaisirs et à ceux de la cour, elle était créée lors des fêtes fastueuses qui marquèrent le règne de Louis XIV. Seul *le Malade imaginaire* ne put être représenté devant le roi en raison du conflit qui opposait Molière à Lully. À ces occasions, la comédie-ballet venait parfois s'insérer dans un divertissement à grand spectacle, aristocratique par excellence : le ballet de cour. Les grands personnages de l'époque et, au moins une fois l'an, le roi lui-même y dansaient. Tout devait donc concourir à mettre en valeur d'aussi prestigieux danseurs : les vers, sortes de madrigaux à leur louange ; la musique, pleine de solennité ; la danse, bien sûr, qui constituait l'essentiel du spectacle ; et enfin la mise en scène qui privilégiait les « effets spéciaux » auxquels était si sensible le public de l'époque.

Influence du ballet de cour

Le ballet de cour, qui connaît son apogée dans les années 1650-1660, étend son influence, dans la deuxième moitié du siècle, à d'autres genres théâtraux. La comédie-ballet lui emprunte son carnaval de personnages conventionnels. Par ailleurs, elle cultive le même goût pour la mise en scène dans l'utilisation qu'elle fait des techniques plongeant les personnages dans une atmosphère d'irréalité poétique :
— décors grandioses, comme dans *les Amants magnifiques* où la scène représente tour à tour « une vaste mer bordée de chaque côté de quatre grands rochers dont le sommet porte chacun un fleuve », une forêt enchantée, une grotte... et, pour finir, « une grande salle, en manière d'amphithéâtre, ouverte d'une grande arcade dans le fond, au-dessus de laquelle est une tribune fermée d'un rideau » ;
— effets spectaculaires, comme dans *Psyché* où, à plusieurs reprises, Vénus et les Amours surgissent du ciel dans une machine pour s'envoler avec la même rapidité. Dans la dernière scène, « on voit tout en un instant paraître plus de trois cents personnes suspendues dans un nuage ou dans une gloire » ;
— procédé du théâtre dans le théâtre dont les exemples sont nombreux (cf. *le Malade imaginaire*, II, 5 et 3e intermède ; *le Bourgeois gentilhomme*, IV, 5 ; *les Amants magnifiques*, 3e intermède ; *le Sicilien ou l'amour peintre*, scène 8).

L'esprit de la comédie-ballet

La comédie-ballet tient-elle donc plus du ballet ou de la comédie ? La question fut posée par le journaliste Robinet à propos des *Amants magnifiques*.

Elle aurait pu l'être à propos d'une pièce comme *le Mariage forcé,* simple canevas servant de lien à des entrées de ballet. Toutefois, l'hésitation n'est plus possible si l'on considère l'ensemble des comédies-ballets de Molière et plus particulièrement les trois plus célèbres : *Monsieur de Pourceaugnac, le Bourgeois gentilhomme, le Malade imaginaire.* Dignes filles de Thalie, muse de la comédie, elles participent d'une esthétique nettement différente de celle du ballet de cour. Dans ce dernier, les trois arts cohabitaient sans communiquer, leur isolement tenant principalement au fait qu'aucune action ne servait de fil directeur. La comédie-ballet les harmonise en subordonnant étroitement la danse et la musique au texte de la comédie. Passer du ballet de cour à la comédie-ballet, c'est passer d'une œuvre purement décorative saturée de signes sans contrepartie à une œuvre dont les éléments décoratifs, si riches soient-ils, tendent à se regrouper autour de l'axe central qui leur donne un sens : l'intrigue de la comédie. Ce n'est pas pour autant passer du baroque au classicisme : les intermèdes chantés et dansés ne sont pas toujours bien « cousus au sujet » ; les « ornements » (la danse, la musique et la mise en scène pour Molière) ont parfois une place excessive. Le goût du spectacle l'emporte le plus souvent sur le souci de vraisemblance.

Ainsi, comme beaucoup d'œuvres dites classiques, les comédies-ballets de Molière n'échappent pas à la tentation du baroque : créées pour les divertissements de Louis XIV, elles sont pleinement représentatives d'un art qui, ayant, au moins métaphoriquement, le roi comme inspirateur et comme destinataire, oscille entre deux pôles : la rigoureuse hiérarchie et l'ornementation infinie d'une figure qui finit par disparaître sous son apparat.

Molière, la pièce et les critiques

La médecine, une belle forfanterie

Ah ! que j'en veux aux médecins ! quelle forfanterie que leur art ! On me contait hier cette comédie du *Malade imaginaire*, que je n'ai point vue : il était donc dans l'obéissance exacte à ces messieurs ; il comptait tout : c'était seize gouttes d'un élixir dans treize cuillerées d'eau. S'il y en eût quatorze, tout était perdu. Il prend une pilule. On lui dit de se promener dans sa chambre. Mais il est en peine et demeure tout court, parce qu'il a oublié si c'est en long ou en large : cela me fit fort rire et l'on applique cette folie à tout moment.

Madame de Sévigné,
Lettre du 16 septembre 1676.

Une attaque en règle contre la médecine

Molière attaque les mauvais médecins par deux pièces fort comiques dont l'une est *le Médecin malgré lui* et l'autre *le Malade imaginaire*. On peut dire qu'il se méprit un peu dans cette dernière pièce et qu'il ne se contint pas dans les bornes de la comédie ; car, au lieu de se contenter de blâmer les mauvais médecins, il attaqua la médecine en elle-même, la traita de science frivole et posa pour principe qu'il est ridicule à un homme d'en vouloir guérir un autre [...]. Il n'a pu trop maltraiter les charlatans et les ignorants médecins, mais

il devait en rester là et ne pas tourner en ridicule les
bons médecins que l'Écriture même nous enjoint d'honorer.

Charles Perrault,
*les Hommes illustres qui ont vécu
en France pendant ce siècle*, 1696.

Molière, l'homme de théâtre parfait

Du reste, si, nous autres modernes, nous voulons
apprendre à bien diriger nos efforts pour réussir au
théâtre, Molière est l'homme auquel nous devons nous
adresser. Connaissez-vous son *Malade imaginaire* ? Il y
a là-dedans une scène qui, toutes les fois que je lis
cette pièce, se montre à moi comme le symbole d'une
connaissance parfaite des planches : je veux parler de
celle où le malade imaginaire interroge sa petite fille
Louison pour savoir d'elle si un jeune homme ne s'est
pas trouvé dans la chambre de sa sœur aînée.

Tout autre qui n'aurait pas entendu son métier aussi
bien que Molière aurait fait à l'instant même et tout
simplement raconter l'histoire par la jeune Louison et
tout eût été fini.

Mais combien Molière, par une multitude de motifs
qui retardent cette découverte, sait animer cet examen
et impressionner le spectateur ! D'abord, la petite
Louison affecte de ne pas comprendre son père ; ensuite
elle nie qu'elle sache quelque chose, puis menacée de
verges, elle tombe et fait la morte. Enfin, au moment
où son père s'abandonne au désespoir, elle se relève de
son évanouissement simulé avec un air qui respire à la
fois la ruse et la gaîté et se décide à faire, peu à peu,
des aveux complets.

Goethe,
Entretiens avec Eckermann, 1821.

Molière, peintre de la vie quotidienne

Les grandes pièces de Molière sont la peinture de toute
une famille, de toute une maison, de tout un salon.
Molière ne pousse pas sur la scène un caractère habillé
en homme avec quelques comparses autour de lui. Il
enlève le toit d'une maison et il nous dit : regardez.

Émile Faguet,
Études littéraires, XVII *siècle*, Boivin, 1886.

Argan un homme plein de santé
ou un vrai malade ?

Argan est insupportable, il crie, court, se remue
follement dans son fauteuil, il est bougon, colérique,
plein de santé, comme le malade imaginaire. Il n'est
pas neurasthénique... oh non ! il mange bien, boit sec,
dort comme un sonneur [...], il a une idée fixe : la
maladie, et il devient le pantin de cette maladie.

Le Malade imaginaire est une comédie de caractère
admirable, touchant à la farce, et il est nécessaire d'être
caractéristique et drolatique dans le personnage d'Argan,
pittoresque et pictural, plein de mouvement et de force.

Coquelin Cadet, cité par Francisque Sarcey :
Quarante Ans de théâtre, tome II, 1900.

Comment Cadet ne voit-il pas ce qui depuis deux siècles
a crevé les yeux de tous les critiques ou plutôt de tout
le monde, qu'Argan est, en effet, et très réellement, un
malade imaginaire, un hypocondriaque si l'on aime
mieux, et que Molière, par un coup de génie, a fait de
lui un sanguin qui sursaute au moindre incident, s'irrite,
s'emballe, jusqu'à ce qu'un mot lui rappelle qu'il est

malade et très malade. Le comique de la pièce, un comique très profond, est tout entier dans le contraste incessamment renouvelé d'un égoïste, ramassé sur sa prétendue maladie, qui sacrifierait femme et enfants à sa santé et qui s'échappe sans cesse de cette contemplation où il vit par des à-coups de fureur que provoquent à plaisir ceux qui l'entourent.

Francisque Sarcey, *ibidem*.

Molière rit de lui-même

Même s'il y a dans ces pages une réalité cruelle, même si, comme on l'a dit maintes fois, Molière pensait à son propre cas lorsqu'il créait le personnage d'Argan, le fait même qu'il ait raillé et ridiculisé Argan démontre son état d'esprit, sa volonté de neutraliser et de faire tourner court, dans un vaste éclat de rire, des sentiments et des passions qui mènent à grands pas au tragique. Molière, en riant lui-même, a voulu qu'on en rie.

Pierre Valde, *le Malade imaginaire*, le Seuil (Coll. « Mises en scène »), 1946.

Du spectacle avant tout

Des *Précieuses* au *Malade imaginaire*, de Mascarille à Argan, le comédien n'a pas changé. Il ne s'est pas séparé de ses maîtres italiens. Il a appris d'eux et n'a jamais oublié la vertu du geste. Il sait que le théâtre, tout théâtre, est spectacle d'abord.

René Bray,
Molière, homme de théâtre,
Mercure de France, 1954.

Molière a-t-il voulu conjurer la mort ?

Insulté de ses ennemis, sous ce nom même de comédien dont il se faisait un titre, incompris de ses amis, tourmenté par ses proches, contrarié par ses comédiens, malmené quelquefois par son public, surmené par son Roi, assombri par le souci, le deuil et l'ingratitude, seul au milieu de sa gloire, et malade, il continuait à trouver de l'honneur dans cette dignité que sa profession recevait de lui sans qu'elle parvînt à le diminuer. [...] Il ressentait enfin profondément (ce que ni Boileau ni personne ne comprit jamais) que ses dons extraordinaires, même ceux du philosophe et du moraliste, ne s'épanouissaient et ne s'éclairaient que dans le jeu scénique et par lui, et que la nature de son génie était d'agir sur le théâtre. C'est pourquoi il choisit d'y demeurer jusqu'à ce que la mort vînt l'y prendre.

Jacques Copeau,
Registres II. Molière, 1976, Gallimard.

Un feu d'artifice

En écrivant *le Malade imaginaire*, Molière accepte-t-il la mort ou fait-il semblant ? A-t-il cru jusqu'au bout aux conseils et aux paroles de réconfort de Béralde-Mauvillain ? Et celui-ci a-t-il été assez habile pour le rassurer ? « C'est notre inquiétude, c'est notre impatience qui gâtent tout : et presque tous les hommes meurent de leurs remèdes, et non pas de leurs maladies. » Excellents conseils pour guérir son hypocondrie.

Insuffisant traitement pour guérir les désordres de sa poitrine. *Le Malade imaginaire* est le feu d'artifice que s'offre Molière et qu'il offre aux autres. La vengeance

216

qu'il tire des médecins a dû guérir sa mélancolie, mais c'est en la jouant qu'il est mort. [...]

Sa toux, dont les spectateurs ne pouvaient pas ignorer les progrès, sa dysenterie, à laquelle il fait finalement allusion, l'ont autorisé à traiter des malades et des maladies. S'il rit de ceux qui ont la superstition de la médecine, il voudrait bien pouvoir y croire lui-même. Malgré ses attaques vengeresses, il a parfois mis quelque espoir en les médecins, comme tous les malades qui tiennent à la vie.

Francine Mallet,
Molière, 1986, Grasset.

Une pièce secondaire au sommet de l'art

Le Malade imaginaire n'est après tout qu'une comédie-ballet en trois actes. La dernière pièce de Molière a toutes les apparences d'une pièce secondaire. Il a bâti son intrigue à peu de frais, se contentant de reprendre un schème qui lui a déjà beaucoup servi, commun aux grandes comédies et aux farces : un père veut marier sa fille contre son gré à l'homme qui flatte son idée fixe ou son vice : un dévot, un gentilhomme, un médecin. Il reprend, à peine retouchées, des scènes entières de pièces antérieures. Et la cérémonie finale répète, sous une autre forme, la cérémonie turque du *Bourgeois gentilhomme*. Jeux de tréteaux, jeux de masques, « le carnaval autorise cela ». [...]

[Mais] la dernière pièce est la première à atteindre la grande comédie au cœur de la farce et, plus rare encore, la farce au cœur de la grande comédie.

Alfred Simon,
Molière, une vie, 1987, La Manufacture.

Avant ou après la lecture

Connaissance de Molière et du théâtre

1. Situer le théâtre classique dans son contexte historique. Quelles sont alors ses conditions d'existence ? Comment s'organise une troupe de théâtre à l'époque de Molière ? Quand joue-t-on en plein air ? Quand joue-t-on dans une salle et pourquoi ? Comment sollicite-t-on le public pour chaque type de représentation ?

Citer quelques auteurs de pièces de théâtre classique. Citer quelques troupes célèbres de l'époque. Citer quelques salles de théâtre. (Recherche en bibliothèque.)

Rechercher quels étaient les autres genres théâtraux existant à l'époque et les comparer avec la comédie-ballet.

2. Polichinelle (premier intermède) n'est pas un personnage inventé par Molière. Dans quel genre théâtral trouve-t-on le plus souvent ce personnage ? Le définir après s'être documenté. Quels sont ses compagnons habituels ?

3. L'idée de la mort n'est pas étrangère au *Malade imaginaire*. Relever dans la pièce les répliques qui l'évoquent. Molière n'a-t-il pas pensé un peu à lui-même en écrivant cette pièce ? Rechercher dans sa biographie (p. 4) les événements qui auraient pu le marquer.

Rédactions et commentaires suivis

1. Pinel et Charcot, médecins du XIXᵉ siècle et pionniers de la psychiatrie, ont reconnu en Argan un hypocondriaque. À partir des définitions médicales de ces maladies proposées p. 191 et suivantes, justifier cette affirmation. Développer cette analyse à l'aide d'exemples tirés du *Malade Imaginaire*.

2. Ne trouve-t-on pas dans le texte p. 194 *(la Vocation d'Agénor)* toute une série de critiques déjà formulées au XVIIᵉ siècle par Molière dans *le Malade imaginaire* ? Lesquelles ? Présenter la démonstration en un plan détaillé illustré d'exemples tirés des deux textes.

3. Le langage théâtral est riche, mais tout ce qui se dit n'est pas forcément intéressant par rapport à l'action

   a. Réécrire les dialogues des scènes 2, acte I, et 6, acte II en ne conservant que la trame.

   b. Réécrire les scènes 3, acte II, et 4, acte III en français d'aujourd'hui en préservant le langage imagé et la situation comique.

4. Analyser une scène comique du *Malade imaginaire* (I, 5 ; II, 5 ; III, 10). Pourquoi fait-elle rire encore aujourd'hui ? Expliquer quels sont les mécanismes utilisés par Molière pour rendre drôle une situation.

5. *Le Malade imaginaire* a été écrit par Molière « pour le carnaval », et il n'hésite pas à avoir recours au masque et au déguisement. Dans quelles scènes essentiellement ? Pour quels personnages ? Justifier en indiquant les différentes motivations qui peuvent avoir poussé Molière à grimer certains personnages.

Exposés

Les représentations théâtrales aujourd'hui et au temps de Molière.

1. Mener une enquête dans un théâtre (ou M.J.C. de la ville) et rencontrer un technicien du théâtre, un metteur en scène, un acteur... à l'occasion d'un spectacle.

2. Constituer un dossier de presse organisé sur la pièce proposée, ou sur la troupe, à partir des articles parus dans la presse locale, les affiches, le programme, la publicité.

3. Analyser une saison théâtrale : ce que propose le théâtre de la ville pour l'année. Vers quel type de spectacles semble s'orienter son choix ?

4. Faire la liste des différents métiers nécessaires pour monter une pièce de nos jours. Comparer ceux-ci avec les métiers du cinéma.

Pensez-vous que Molière aurait disposé d'autant d'aides ? Quels types de représentations proposait-on au XVIIe siècle ?

Mise en scène

Le tableau qui suit a pour but d'organiser et de préparer des séances de lecture en fonction du nombre, du niveau ou de la motivation des élèves.

Il propose également un schéma rapide de préparation de la mise en scène du *Malade imaginaire* (chronométrage du temps de lecture, liste des accessoires, décors, costumes, appréciation de l'auditoire...) que les élèves, ou le professeur, pourront tenir à jour tout au long de l'étude, dans le but final de sélectionner les scènes ou les groupes de scènes susceptibles d'être représentées.

Pour la comédie uniquement, 8 rôles masculins et 4 rôles féminins dont une petite fille sont nécessaires. Mais le nombre d'acteurs indispensables peut se limiter à 9 (4 femmes et 5 hommes, les rôles de MM. Purgon, Fleurant, de Bonnefoi pouvant être repris par les acteurs jouant M. Diafoirus et Thomas Diafoirus).

Les intermèdes (assurés par des chanteurs et des danseurs) demandent une troupe plus importante (13 à 15 personnes au minimum sur scène).

Le professeur pourra introduire l'œuvre en lisant lui-même la scène 1 de l'acte I et participer à la lecture de la scène 10 de l'acte III (rôle de Toinette).

La répartition des rôles

PROLOGUE : 8 personnages + troupe de danseurs.

SCÈNES	ARGAN	BÉRALDE	CLÉANTE	TOINETTE	ANGÉLIQUE	BÉLINE	M. DIAFOIRUS	THOMAS DIAFOIRUS	M. PURGON	M. FLEURANT	M. DE BONNEFOI	LOUISON	PERSONNAGES SECONDAIRES	NOMBRE DE PERSONNAGES SUR SCÈNE	NOMBRE DE RÉPLIQUES
Acte Ier															
1	x													1	1
2	x			x										2	33
3	x			x	x									2	4
4				x	x									2	41
5	x			x	x									3	118
6	x			x	O	x								4	49
7	x			x		x					x			3	30
8				x	x	(x)								2	7
PREMIER INTERMÈDE : 1 personnage (Polichinelle) + troupe de danseurs et chanteurs															
Acte II															
1			x	x										2	7
2	x		x	x										3	28
3	x		x	x										3	9
4	x		x	x	O									4	10
5	x		x	x	x		x	x					x	7	91
6	x			x	x	x	x	x						6	67
7	x					x								2	4
8	x											x		2	70
9	x	x												2	9
DEUXIÈME INTERMÈDE : 4 personnages (femmes mores) + troupe de danseurs															
Acte III															
1	x	x		x										3	6
2	x	x		x										2	5
3	x	x												2	59
4	x	x								x				3	13
5	x	O		x					x					4	56
6	x	x												2	10
7	x	x		x										3	10
8	x	x		x										3	6
9	x	x		x										3	10
10	x	x		x										3	68
11	x	x		x										3	26
12	x	x		x		x								4	21
13	O	O		x	x									4	8
14	x	x	x	x	x									5	38
TROISIÈME INTERMÈDE : 6 personnages (6 hommes) + troupe de danseurs et chanteurs															

x = rôle parlé. O = rôle muet. Scènes entourées = les plus faciles à lire à haute voix par un élève de 3ᵉ.

Proposition d'une grille d'étude du texte théâtral et de sa mise en jeu

	SCÈNES	NOMBRE DE PERSONNAGES SUR SCÈNE	NOMBRE DE RÉPLIQUES	TEMPS DE LECTURE	JUGEMENT	ACCESSOIRES INDISPENSABLES	DÉCOR	COSTUMES	(MUSIQUE) BRUITAGE	ÉCLAIRAGE
	PROLOGUE									
Acte 1ᵉʳ	1	1	1							
	2	2	33							
	3	2	4							
	4	2	41							
	5	3	118							
	6	4	49							
	7	3	30							
	8	2	7							
	PREMIER INTERMÈDE									
Acte II	1	2	7							
	2	3	28							
	3	3	9							
	4	4	10							
	5	7	91							
	6	6	67							
	7	2	4							
	8	2	70							
	9	2	9							
	DEUXIÈME INTERMÈDE									
Acte III	1	3	6							
	2	2	5							
	3	2	59							
	4	3	13							
	5	4	56							
	6	2	10							
	7	3	10							
	8	3	6							
	9	3	10							
	10	3	68							
	11	3	26							
	12	4	21							
	13	4	8							
	14	5	38							
	TROISIÈME INTERMÈDE									

Le Malade imaginaire en 13 questions

<small>(La pertinence des réponses sera systématiquement vérifiée par recours au texte)</small>

1. À quel milieu social Argan appartient-il ?

a		La petite bourgeoisie.
b		La riche bourgeoisie.
c		La petite noblesse.
d		La haute noblesse.

2. Pourquoi Angélique se montre-t-elle d'abord si empressée d'obéir à son père, quand celui-ci lui annonce qu'il va la marier ?

a		Parce que le mariage lui permettra d'être plus indépendante.
b		Parce qu'elle croit que son père lui propose d'épouser Cléante.
c		Parce qu'à l'époque une jeune fille doit une obéissance absolue à son père.
d		Parce qu'elle ne connaît pas encore Thomas Diafoirus.

3. Béline est-elle :

a		Beaucoup plus jeune qu'Argan ?
b		Un peu plus jeune ?
c		Du même âge ?
d		Plus vieille qu'Argan ?

4. Pourquoi Béline souhaite-t-elle qu'Angélique et Louison deviennent religieuses ?

a		Parce qu'elle est très pieuse.

| b | | Parce que la profession religieuse représente une promotion sociale. |

| c | | Parce qu'elle veut s'opposer au projets égoïstes d'Argan. |

| d | | Parce qu'elle veut jouir, elle seule, de l'héritage d'Argan sans avoir à le partager avec ses deux belles-filles. |

5. De qui Toinette est-elle la confidente ?

a		D'Argan.
b		D'Angélique.
c		De Béline.
d		D'Angélique et de Béline.

6. Quelle tactique Toinette décide-t-elle d'adopter, à la fin du premier acte, pour défendre les intérêts d'Angélique ?

| a | | Tenter de ramener Argan à la raison en lui montrant le ridicule de Thomas Diafoirus. |

| b | | Se moquer ouvertement d'Argan. |

| c | | S'efforcer de démasquer l'hypocrite Béline. |

| d | | Feindre de prendre le parti d'Argan et de Béline. |

7. Où et quand Angélique et Cléante se sont-ils rencontrés ?

| a | | Au théâtre, il y a six jours. |
| b | | Dans la rue, la veille. |

| c | | Dans la maison d'Argan, quelques jours auparavant. |
| d | | Chez le maître de musique, il y a un peu moins d'un mois. |

8. Sait-on quand doit avoir lieu le mariage d'Angélique et de Diafoirus ?

a	Oui, dans quatre jours.
b	Oui, le mois prochain.
c	Non.
d	Oui, le lendemain.

9. Dans sa thèse de médecine, Thomas Diafoirus démontre-t-il :

a		L'efficacité des lavements dans le traitement des maladies ?
b	L'inefficacité des lavements ?
c	La circulation du sang dans les veines ?
d	La non-circulation du sang ?

10. Quelle clientèle M. Diafoirus s'est-il choisie, et pourquoi ?

a		L'aristocratie, par appât du gain.
b		L'aristocratie, pour s'attirer les faveurs des grands.
c		Le peuple, par commodité (pour n'avoir pas à répondre des mauvais traitements qu'il a pu ordonner).
d		Le peuple, par philanthropie.

11. Quelle est l'opinion de Béralde sur la médecine ?

    a   La médecine est une science d'avenir.

    b   La médecine doit être modernisée pour devenir vraiment efficace.

    c   La médecine souffre de la malhonnêteté des médecins.

    d   La médecine est une illusion.

12. Pourquoi M. Purgon rompt-il avec Argan et sa famille ?

    a   Parce que Argan ne croit plus en ses remèdes.

    b   Parce que Argan n'a pas pris à temps le clystère qu'il lui avait prescrit.

    c   Parce que Angélique refuse d'épouser Thomas Diafoirus.

    d   Parce que Béralde propose de marier Angélique à Cléante.

13. Selon M. Purgon, M. Diafoirus et Toinette, quel est l'organe où siège la maladie d'Argan ?

    a   La rate.

    b   Le poumon.

    c   Purgon : le poumon ; Diafoirus : la rate ; Toinette : le foie.

    d   Purgon : le foie, Diafoirus : la rate ; Toinette : le poumon.

Bibliographie, discographie, filmographie

Étude sur la vie de Molière et son époque

René Jasinsky : *Molière*, Hatier (Coll. « Connaissance des lettres »), 1969.

François Millepierres : *la Vie quotidienne des médecins au temps de Molière*, Hachette (Coll. « la Vie quotidienne »), 1983.

Georges Mongrédien : *la Vie quotidienne des comédiens au temps de Molière*, Hachette (Coll. « la Vie quotidienne »), 1966.

Alfred Simon : *Molière*, le Seuil (Coll. « Écrivains de toujours »), 1986.

Alfred Simon : *Molière, une vie*, La Manufacture, 1987.

Études sur le comique de Molière

Henri Bergson : *le Rire*, P.U.F., 1978. Nombreuses références aux comédies de Molière.

Georges Poulet : *Études sur le temps humain*, tome 1, Le Rocher, 1976. Un chapitre sur Molière fournit une étude du personnage comique.

Enregistrements sonores

● L'œuvre intégrale

Le Malade imaginaire, enregistrement intégral, coll. « Vie du théâtre », l'Encyclopédie sonore Hachette (existe en « musicassettes »).

Hommage à Molière : éd. du tricentenaire (coffret de deux disques 33 tours), coll. « Théâtre des hommes », Hachette.

● En extraits

Le Malade imaginaire, enregistrement partiel, Coll. « Discothèque littéraire de poche », Hachette.

Le Malade imaginaire, cassette 40 min / disque 33 tours, 30 cm. Textes choisis et présentés par Pierre Barbier, réalisation Georges Gravier, musique de Francis Miriglio. Sélections sonores Bordas.

Film

Pour sensibiliser les élèves à la vie de Molière, homme de théâtre, on pourra leur projeter, s'ils ne l'ont pas encore vu, le film *Molière*, d'Ariane Mnouchkine en 1978 (deux vidéo-cassettes, 119 et 131 min, distribuées par Polygram vidéo).

Petit dictionnaire du théâtre

acte *(nom masc.)* : en général, une pièce de théâtre est divisée en grandes parties : les actes. Au XVIIᵉ siècle, on changeait les chandelles qui servaient à l'éclairage entre chaque acte ; l'auteur devait donc tenir compte de la durée de combustion des chandelles pour établir la durée de l'acte.

action *(nom fém.)* : suite du ou des événements qui constituent le sujet de la pièce de théâtre.

aparté *(nom masc.)* : ce que dit un personnage pour lui-même, que l'acteur prononce à part soi, et que le spectateur seul est censé entendre.

comédie *(nom fém.)* : pièce de théâtre comique, qui a pour but de faire rire les spectateurs en leur présentant les habitudes, les travers ridicules d'une société ou d'un personnage.

comédien *(nom masc.)* : au XVIIᵉ siècle, on appelle comédien l'acteur qui a des rôles comiques dans les comédies, à l'opposé du tragédien, qui joue dans les tragédies.

comique *(nom masc.)* : le comique revêt des formes variées. Au théâtre plus particulièrement, on distingue :
— le comique de situation : c'est la situation d'un personnage à un moment donné de la pièce qui fait rire ;
— le comique de caractères : c'est un personnage qui est drôle en lui-même ;
— le comique de gestes : pantomimes, grimaces, etc. ;
— le comique verbal : jeux de mots, calembours, jurons, etc.

côté cour : le côté de la scène qui se trouve à la droite du spectateur.

côté jardin : le côté de la scène qui se trouve à gauche du spectateur.

coup de théâtre : rebondissement surprenant, renversement brutal de situation, qui a pour conséquence de modifier l'action.

dénouement *(nom masc.)* : ce qui fait aboutir l'action, le moment où se dénoue l'intrigue, et ce qui conclut généralement la pièce.

didascalie *(nom fém.)* : indication scénique donnée par l'auteur, qui concerne généralement la mise en scène : les décors, les costumes, les gestes, les attitudes ou intonations de voix des acteurs tout au long de la pièce.

exposition *(nom fém.)* : au premier acte, le plus souvent dans la première scène, l'auteur présente le nœud dramatique (voir plus loin) : les principaux personnages et les faits qui ont préparé l'action. Cette scène est appelée scène d'exposition.

farce *(nom fém.)* : petite pièce de théâtre comique, où dominent le comique de caractères et de gestes ainsi que les jeux de scène.

intermède *(nom masc.)* : divertissement, représentation particulière, présenté entre les actes d'une pièce de théâtre.

intrigue *(nom fém.)* : ensemble des événements qui forment le nœud de la pièce de théâtre.

mise en scène : organisation matérielle de la représentation (choix des décors, place, mouvement et jeu des acteurs, etc.). Le metteur en scène est la personne qui assure la réalisation sur scène de la pièce de théâtre.

monologue *(nom masc.)* : discours qu'un personnage, en général seul sur scène, s'adresse à lui-même.

nœud dramatique : ensemble des relations entre les personnages et des circonstances qui amènent l'action à son point dominant.

péripétie *(nom fém.)* : chacun des événements qui fait évoluer la situation. En général, c'est une suite de péripéties qui permet d'aboutir au dénouement.

prologue *(nom masc.)* : divertissement (ou avertissement) qui précède la pièce proprement dite.

quiproquo *(nom masc.)* : situation qui résulte d'un malentendu (prendre une personne pour une autre ou un événement pour un autre).

règle des trois unités : dans le théâtre classique, les auteurs devaient suivre la règle des trois unités. Il fallait présenter au spectateur une seule action (unité d'action), se déroulant dans un seul lieu (unité de lieu), et en moins de vingt-quatre heures (unité de temps).

réplique *(nom fém.)* : chaque élément du dialogue qu'un acteur doit dire, en réponse au personnage qui parle avant lui.

rôle *(nom masc.)* : un acteur joue le rôle d'un personnage ; il prend en charge tout ce que ce personnage doit dire et faire sur scène tout au long de la pièce.

scène *(nom fém.)* : un acte se compose généralement de scènes, elles-mêmes le plus souvent délimitées par l'entrée ou la sortie d'au moins un personnage. La scène est aussi l'emplacement où les acteurs paraissent devant le public.

tirade *(nom fém.)* : ce qu'un personnage dit d'un trait sans être interrompu ; réplique en général longue.

tragédie *(nom fém.)* : œuvre dramatique en vers, présentant une action tragique, qui évoque une situation où l'homme est en lutte avec le destin.

tragi-comédie *(nom fém.)* : tragédie dont le dénouement est heureux.

Conception éditoriale : Noëlle Degoud.
Conception graphique : François Weil.
Coordination éditoriale : Marie-Jeanne Miniscloux
et Emmanuelle Fillion.
Collaboration rédactionnelle : Denis A. Canal, agrégé de lettres
classiques.
Coordination de la fabrication : Marlène Delbeken.
Dessins : Catherine Beaumont et Léonie Schlosser *(schémas).*
Documentation iconographique : Odette Dénommée.
Traduction de l'italien : Denis A. Canal.

Sources des illustrations
Agence de Presse Bernand : p. 146.
Enguerand / Vincent Fournier : p. 56.
Marc Enguerand : p. 114.
Giraudon : p. 5, 22.
Kipa / Jacques Morell : p. 165.
Larousse : p. 6, 10, 124, 180.
Lauros-Giraudon : p. 68, 90, 190.
Roger-Viollet : p. 20, 34.

Photocomposition : SCP Bordeaux
Imprimerie Hérissey : n° 50484 - 27000 Évreux
Dépôt légal : Décembre 1989.
N° série éditeur : 15657
Imprimé en France (Printed in France)
871 310 I - Avril 1990